भारत कहाँ जा रहा है ?

वाणी प्रकाशन
नयी दिल्ली-110002

भारत कहाँ जा रहा है ?

डॉ. मधु धवन

ISBN : 978-93-5072-194-0

वाणी प्रकाशन
21-ए, दरियागंज, नयी दिल्ली-110002
द्वारा प्रकाशित

प्रथम संस्करण : 1999
द्वितीय संस्करण : 2004

मूल्य : 75.00

मेहरा ऑफसेट प्रिंटर्स, दिल्ली
द्वारा मुद्रित

BHARAT KAHAN JA RAHA HAI
by Dr. Madhu Dhawan

भारत कहाँ जा रहा है....?

नाटक

दो शब्द

महात्मा गाँधी की एक सौ पचीसवीं वर्षगांठ तथा आजादी की पचासवीं वर्षागांठ पर सम्पूर्ण भारत में राष्ट्रीय स्तर पर गाँधी जी के विचारों पर चिन्तन; भाषण सेमिनार तथा संगोष्ठियों का आयोजन नाना संस्थाओं ने किया।

सर्वधर्म समभाव भारत की संस्कृति का अभिन्न अंग है। कई शताब्दियों से हम उसे अपनाए हुए हैं। जो हमारे उदात्त व्यक्तित्व और सशक्त चरित्र का द्योतक है। आज भौतिकतावादी परिवेश के चलते अनेक विचार धाराएँ युवापीढ़ी की ही नहीं अपितु हर उम्र के नर–नारियों को गुमराह कर रही हैं। ऐसे नाजुक समय में मानवता के अस्तित्व हेतु प्रेम, श्रद्धा, विश्वास, करुणा, सत्य–अहिंसा की भावना की परम आवश्यकता है। आज दिन-दहाड़े पैसे की हवस में इन्सान शैतान वहशी दरिन्दा बनता जा रहा है। आज हमें गांधी जी की भावनाओं में निहित स्वर को समझना–समझाना होगा।

मुझे आशा है कि सुधी पाठक इससे सहमत होंगे।

शुभकामनाओं सहित

मधु धवन

शिक्षक दिवस.

5.9.1998

देश निर्माता : गाँधीजी

प्रकृति की संरचना कुछ ऐसी है कि समाज में किसी समय उत्पन्न दुराचार अत्याचार बईमानी एवं आतंक का अंत करने के लिए विश्व के समस्त भू-भागों में ऐसे महापुरुष अथवा अवतार जन्म लेते हैं। जो ज्योतिपुंज बनकर चारों ओर प्रखर प्रकाश का प्रसार करते हैं। ऐसी महान विभूतियाँ अपनी साधना एवं तपोबल से युग को संक्रमण की स्थिति से उभारती रही हैं। ये युगपुरुष ऐहिक सुख-साधनों आकर्षणों से मुक्त व्यक्ति और समाज के सर्वतोन्मुखी उत्थान में अग्रसर हो जाते हैं।

कई हजारों वर्ष पूर्व लिखी गई गीता की यह उक्ति सदा प्रासंगिक है-

यदा यदा हि धर्मस्य ग्लानिर्भवति भारत।
अभ्युत्थानम् धर्मस्य तदात्मानं सृजाम्यहम्।

भारत भूमि पर राम, कृष्ण, गौतम, शंकराचार्य, महावीर, स्वामी रामकृष्ण परमहंस, विवेकानन्द, दयानन्द सरस्वती, राजा राममोहन राय, विद्यासागर इसी प्रकार की महान विभूतियाँ हुई। निर्विवाद रूप से यह कहा जा सकता है कि अंग्रेजी सत्ता की चंगुल से भारत को मुक्त करने का जहाँ तिलक, गोखले, पटेल, लाला लाजपतराय, रानाडे एवं मोतीलाल नेहरू जैसे महानुभावों ने बीजारोपण कर उसे संपुष्ट किया। वहाँ महात्मा गाँधी ने अपनी अखंड साधना तथा सूक्ष्मदर्शिता से एक नवीनतम मार्ग अपनाया और जन जागरण कर देश को स्वाधीनता के चरम तक पहुँचाया।

दक्षिण अफ्रीका के भारतवासियों की समस्या का तत्कालीन हल हो जाने पर गाँधी जी ने अपना कार्यक्षेत्र भारत बनाने का सोचा। भारत में अंग्रेजी हकूमत के जुल्मों को देख उस अन्यायी सरकार को उखाड़ फैंकने का दृढ़ निश्चय किया। उन्होंने अंग्रेजी सरकार के विरुद्ध "असहयोग" की घोषणा कर देश को कर्तव्य के प्रति जगाने के लिए शंखनाद कर आह्वान किया। उनके नेतृत्व में अभूतपूर्व एकता स्थापित हुई। देश जिस विषम परिस्थिति से गुजर रहा था उसमें नई दिशा का अभाव था। वातावरण में आवेश था लेकिन नई चुनौतियों को स्वीकार करने की क्षमता कहीं खो गई थी। काँग्रेस उदार और उग्र विचारकों में विभक्त होने के कारण अपना प्रभुत्व बनाने में असफल दीख रही थी। ऐसी परिस्थितियों के बीच देश को गाँधीजी मिले। उन्होंने अपने व्यावहारिक जीवन को आध्यात्मिक, नैतिक, दार्शनिक तथा नैतिक तत्वों से समाहित कर देश के समक्ष अपने को प्रस्तुत किया। उनका आगमन तथा व्यवहार देशवासियों के लिए मनोवैज्ञानिक संबल स्वरूप सिद्ध हुआ। भारतीयों के मन से भय दूर हो गया। निर्भयता का मंत्र लेकर भारतीय समाज जागृत हो गया। उन्होंने हिंसा को अहिंसा, घृणा को प्रेम, भय को अभय तथा धैर्य प्रेम से जीता।

गाँधी जी ने देश के निर्माण में धर्म को प्रथम स्थान प्रदान किया। उनके विचार का आधार धर्म की अनुभूति ईश्वर में थी। अतः उनके ईश्वर का रूप समझना आवश्यक है - गाँधी जी ईश्वर को मूर्ति के रूप में नहीं देखते थे। उनके लिए ईश्वर नामविहीन और जातिविहीन था। गाँधी के शब्दों में - "मेरा

राम ऐतिहासिक राम नहीं है। वह अमर है। अजन्मा है और जिसका कोई दूसरा रूप नहीं। मैं अकेले उस राम की पूजा करता हूँ।" अपनी बात को और स्पष्ट करते हुए कहते हैं -" ईश्वर एक ऐसी वस्तु है जिसकी परिभाषा करनी कठिन है, जिसे हम अनुभव करते हैं लेकिन जिसे हम मानते नहीं।"

गाँधी जी सब मनुष्यों को ईश्वर का अवतार मानते हैं। ईश्वर की इस वास्तविकता को गाँधी जी ने एक शक्ति के रूप में आद्योपान्त अनुभव किया। यंग इंडिया, 26 दिसम्बर 1924 के अंक में वह कहते है- "ईश्वर प्रकाश है, अधंकार नहीं। प्रेम है, घृणा नहीं, ईश्वर सत्य है, असत्य नहीं। ईश्वर अकेला ही महान है, हम सब उसकी रचना धूल के समान है।" वह अपनी प्रार्थना ईश्वर और अल्लाह दोनों ही नामों से प्रारम्भ करते थे। ईश्वर के रूप में राम का नाम उन्हें प्रिय था। गाँधी जी के जीवन ने ईश्वर के अनन्त रूप को समझने के लिए तीन आधारों को समझना होगा - ज्ञान, भक्ति और कर्म के माध्यम से गाँधी जी ईश्वर को समर्पित थे। भक्ति के माध्यम से उन्होंने सम्पूर्ण जीवन को राममय बनाकर कर्म की दुनिया में सन्यास नहीं लिया। उनका अपना दृष्टिकोण यह था कि प्रत्येक मनुष्य को कर्म करते रहना चाहिए। फल की अनुभूति उसके हृदय में नहीं आनी चाहिए। फल देना ईश्वर के हाथ में होता है। ईश्वर को वह सदैव कानून और कानून का निर्माता मानते थे। इसलिए उनकी यह आस्था नहीं कर सकता। जिन्हें ज्ञानानुभूति नहीं है वह उसके विषय में संघर्ष कर सकते हैं। किन्तु गाँधी जी के लिए ईश्वर हर क्षण उपस्थित है। गाँधी जी के कार्यों की पूर्णता का आधार ही

ईश्वरमय जीवन था। वह असंख्य नर-नारियों की सेवा में ही ईश्वर की अनुभूति किया करते थे। ईश्वर की दृष्टि में ऊँच-नीच, छोटे-बड़े का प्रश्न नहीं आता ईश्वर ऐसे किसी मन्दिर में निवास नहीं करता जिसमें हरिजनों के लिए द्वार बन्द हो। मानव की सच्ची सेवा ही उनके लिए अनिवार्य थी। सत्य और अहिंसा का अन्योन्याश्रय सम्बन्ध है। सत्य में ईश्वर का वास करता है। गाँधी जी ने इस सत्य के आचरण को ही धर्म माना है। "सत्य के अनुकूल आचरण करना ही मैं अपना धर्म समझता हूँ। यदि यह दुनिया वैर से भरी होती तो इसका कभी का अन्त हो गया होता। दुनियाँ प्रेम के ही सहारे टिकी है। सच्ची अहिंसा हृदय परिवर्तन की प्रक्रिया को स हृज कर देती है।

गाँधी जी के लिए स्वराज्य की प्राप्ति का प्रश्न एक लक्ष्य के समान था। इस पवित्र लक्ष्य की प्राप्ति वह अहिंसक साधनों से ही करना चाहते थे। "सत्य और अहिंसा की नीति के अतिरिक्त मुझमें कोई नीति चातुर्य नहीं है। स्वदेश और धर्म के उद्धार हेतु भी मैं सत्य और अहिंसा को त्याग नहीं सकता। मैं शुद्ध, पवित्र अहिंसा में श्रद्धा रखता हूँ।" उनका पूर्ण सत्याग्रही जीवन सत्य के आग्रह और साधनों की पवित्रता के साथ ही आरम्भ हुआ। "चौरा चोरी" काण्ड के कारण सत्याग्रह में हिंसा आ जाने के कारण उसे बन्द कर दिया गया क्योंकि वह हिंसात्मक साधनों द्वारा भारत के लिए स्वराज्य पाना नहीं चाहते थे।

सत्याग्रह के बल पर स्वराज्य पाने की साधना में गाँधी जी लगे रहे। सत्याग्रह स्वयं ही सहने की इच्छा का नाम है। इसलिए

इसमें वैर्य भावना का जन्म नहीं होता। "सत्याग्रह का यह अर्थ लिया गया कि विरोधी को पीड़ा देकर नहीं बल्कि स्वयं कष्ट उठाकर सत्य की रक्षा करना।

सत्याग्रह एक विधेयात्मक एवं अप्रतिहत शक्ति के रूप में कार्य करता है। इसका प्रभाव अनुभव सिद्ध है। इस नये मापदण्ड में सत्याग्रह का विधेयात्मक स्वरूप सत्य और अहिंसा के कारण है। सत्य और अहिंसा क्योंकि निष्क्रिय नहीं है इसलिएं सत्याग्रह भी निष्क्रिय वृति का नाम नहीं है। गाँधी जी के लिए सत्याग्रह का अर्थ गतिशीलता तथा क्रियाशीलता है। यह सत्य की शक्ति है जो प्रवाहमान रहनी चाहिए सत्याग्रही को वैयक्तिक रूप से कष्ट सहना है। इसमें भी अहिंसा की आत्मा विधेयात्मक प्रेम के साथ सम्बद्ध है। सत्याग्रह इस प्रकार से विशुद्ध आत्मशक्ति है। सत्याग्रह बलवान का शस्त्र है। इसमें कहीं भी हिंसा को स्थान नहीं क्योंकि वह सदा सत्य पर बल देता है। सत्याग्रह के सिद्धान्त का यदि विवेचन करें तो यह तथ्य स्पष्ट हो जाता है कि उसमें तो निरन्तर कष्ट सहने की क्षमता का विकास होता है। सत्याग्रह शुद्ध आत्मा की भावना के कारण होता है। विनय और विवेक उसकी बुनियाद है। सत्याग्रही झूठी प्रतिष्ठा के फेर में नहीं हैं।

गाँधी जी ने सत्याग्रह के बल पर भारतीयों के आत्मबल को ठोस धरातल दिया जिसकी बुनियाद पर ही भारत निर्माण कार्य को गति मिली। सन् 1913 में दक्षिणी अफ्रीका से ही उपवास पद्धति को अपनाया था। और प्रेम से क्रमवार मजदूरों के हितों के लिए, रोलेट बिल के विरोध में चौरा चोरी प्रसंग में, साम्प्रदायिक वैमनस्य के विरोध में उपवास किये थे।

विदेश में - 1. 1913-दक्षिण अफ्रीका में फिनिक्स आश्रम के दो व्यक्तियों के साथ।

2. अगस्त - फिनिक्स आश्रम के एक व्यक्ति द्वारा जानबूझ कर धोखा देने और मिथ्याचार करने के कारण 14 दिन का उपवास।

भारत में - 1. फरवरी 1918 - अहमदाबाद में मजदूरों की हड़ताल के सम्बन्ध में 3 दिन का उपवास।

2. 13 अप्रैल 1919-रोलेट बिल आन्दोलन के दिनों में 7 दिन का उपवास।

3. नवम्बर 1921-प्रिंस आफ वेल्स के स्वागत बहिष्कार के संदर्भ में बम्बई में दंगा हो जाने पर 4 दिन का उपवास।

4. 1922-चौराचौरी काण्ड के प्रसंग में 5 दिन का उपवास।

5. 17 सितम्बर 1924 - देश में हिन्दुओं और मुसलमानों के बीच बढ़ते हुए वैमनस्य को मिटाने के लिए 21 दिन का उपवास।

6. 1924-साबरमती आश्रम के छात्रों में चरित्रदोष आने पर एक सप्ताह का उपवास।

7. 2 दिसम्बर 1932 - श्री अप्पासाहब पट्टवर्धन के समर्थन में 2 दिन का उपवास।

8. 20 सितम्बर 1933-यरवदा जेल में आठ दिन का उपवास दलित वर्ग को पृथक प्रतिनिधित्व देने के विरोध में

9. 8 मई 1933- जेल काल में 21 दिन का उपवास, हरिजन आन्दोलन के संदर्भ में।

10. अगस्त 1993 - हरिजन कार्य न मिलने के कारण।

11. 7 अगस्त 1934-अजमेर की सभा में हुए दंगें पर प्रायश्चित करने के लिए 7 दिन का उपवास।

12. 3 मार्च 1936 - राजकोट में आमरण अनशन, वायसराय के आश्वासन पर 4 दिन में समाप्त।

13. 10 फरवरी 1942-आगा खां महल में 21 दिन का उपवास - सर्वोच्च न्यायालय से न्याय की अपील के लिए।

14. 2 सितम्बर 1947-कलकत्ता में हिन्दू मुस्लिम एकता स्थापित करने के लिए 72 घंटे का उपवास।

15. 14 जनवरी 1948-साम्प्रदायिक एकता के लिए 121 घंटे का उपवास

सामाजिक क्षेत्र में व्यक्तिगत उत्थान से उदात्त गुणों का विकास हुआ। आत्मशुद्धि की भावना से जीव मात्र में ऐक्य की अनुभूति स्थापित होती है कि भावना भरने वाले गाँधी जी ने राग - द्वेष से दूर, पवित्र आस्थाओं में विश्वास अह्म का नाश, पवित्रता के लिए मौन धारण करना, उपवास, प्रार्थना तथा सर्वधर्म समभाव की उत्पत्ति मानव के नैतिक उत्थान पर बल दिया।

इसके अलावा गाँधी जी के दो मुख्य आंदोलनों - असहयोग आन्दोलन तथा 'सविनय अवज्ञा आन्दोलन' के चलते देश को सामूहिक ताकत मिली।

गाँधी जी ने एक ऐसे राज्य की व्यवस्था का आदर्श प्रस्तुत किया है जिसमें शक्ति, सत्ता और हिंसा को कोई स्थान प्राप्त न हो। परिणाम स्वरूप वह "रामराज्य" को राज्य का आदर्श मानते है।

आर्थिक क्षेत्र :- के विकास में गाँधी जी का बहुत बड़ा योगदान था। उन्हें ऐसे आदर्श स्वीकार नहीं थे जिसमें भौतिकता आध्यात्मिकता पर अपना प्रभुत्व जमा ले और मनुष्य आर्थिक परिस्थितियों से सामना करता हुआ अनैतिकता से गठबंधन कर ले। गाँधी जी का कहना था "इंसान की कमाई का मकसद केवल भौतिक सुख पाना नहीं है, बल्कि अपना नैतिक या रुहानी विकास करना है। गाँधी ने अर्थशास्त्र के रूप में माना है। इसलिए गाँधी जी अर्थशास्त्र और नीतिशास्त्र को कोई विभेद की रेखा नहीं खींचते।

मुख्य लघु उद्योगों के प्रति ध्यान दिलाना यह साबित करता है कि स्वतंत्र उद्योग चलाए जा सकते हैं जैसे गन्ने का गुड़, शक्कर बनाना, तिलहन का तेल उद्योग, चटाई उद्योग, धान से चावल निकालने का उद्योग, आम पापड़ उद्योग ऐसे बहुत से उद्योग जिनके माध्यम से भारतीय अर्थव्यवस्था को पुनः सुसम्पन्न किया जा सकता है। गाँधी जी ने लघु उद्योगों को महत्व प्रदान कर देश की आर्थिक स्थिति को उठाने का प्रयास किया। भारत के पुनरूत्थान के लिए यह आवश्यक है कि लघु उद्योगों तथा ग्रामद्योग को पर्याप्त महत्व दिया जाए।

धार्मिक क्षेत्र में - गाँधी जी ने ऐसे किसी भी धर्म के परम्परागत मान्य सिद्धान्तों के साथ समझौता नहीं किया जिस पर अंधविश्वासों की काली छाया पड़ रही हो। धर्म के नाम पर मंदिरों में की जाने वाली पशुबलि प्रथा को मान्यता नहीं दी उनकी मान्यता के अनुसार कोई भी धर्म हिंसा की स्वीकृति नहीं दे सकता।

गाँधी जी का यह मानना है कि मानव व्यक्तित्व का सच्चा विकास केवल अहिंसक समाज में ही विचार का विषय बन सकता है। हम यदि वास्तविक स्वतंत्रता के सुख को भोगना चाहते है तो यह आवश्यक है कि हमें अपने आर्थिक मन्तव्यों की पूर्ति में भी अहिंसक ही बने रहना चाहिए। मानवीय अर्थशास्त्र की जिज्ञासा में जहाँ अहिंसक अर्थशास्त्र को प्रस्तुत देखते हैं वहाँ न शोषण है और न अतिरिक्त लाभ की आकांक्षा है। अहिंसा सूक्ष्म रूप में हमें सच्चे जीवन की अनुभूति कराने के साथ-साथ सद्जीवन यापन की प्रेरणा भी देती है। "श्रम की महत्ता" समानता लक्ष्य, व्यवहार लद्यु उद्योग, यांत्रिक सभ्यता और भारत कुटीर उद्योग केन्द्रीकरण की प्रवृति। केन्द्रीकरण की प्रवृति चारे राजकीय प्रभुत्व के लिए हो अथवा व्यक्तिगत, दोनों ही पद्धतियाँ विकारग्रस्त हैं। गाँधी जी इस शोषणयुक्त केन्द्रित आर्थिक व्यवस्था के स्थान पर जिस अर्थव्यवस्था को देना चाहते थे। उसका स्वरूप शोषणमुक्त विकेन्द्रित अर्थव्यवस्था है। इससे पूँजीवाद के साथ-साथ समाजवाद के दुष्प्रभावों से सहज ही बच सकते है। गाँधी जी ने इस अर्थव्यवस्था को भारत के लिए सर्वाधिक उपयुक्त अनुभव किया। वह कहते है - मेरा विरोध मशीनरी के विरुद्ध नहीं बल्कि उस उन्माद के लिए है जिसमें मशीन केन्द्रित है। यंत्रीकरण किसी भी रूप में बुरा नहीं है। जब मशीनें श्रम और समय की बचत करती है तो अच्छी लगती हैं। जब कि आवश्यकता या साधनों के

अनुपात में मनुष्य कम हों, लेकिन मनुष्य बहुत हो तो बेरोजगार को प्रोत्साहन देना है। गाँधी जी को प्रत्येक ऐसा अविष्कार अच्छा लगता था जो जनहित के लिए किया जाए। गाँधीजी ने स्वेदेशी मंत्र समाज को दिया। कोई भी देश अपने अस्तित्व को सुरक्षित तभी रख सकता है जब कि वह मूल रूप से स्वदेशी भावना को अंगीकार कर लें। स्वदेशी की भावना एक चेतना है जो मनुष्य को अपने पड़ौसी की मदद करने के लिए प्रेरित करती है। स्वदेशी की भावना के पीछे आत्मनिर्भरता का भाव देखना चाहते थे। शराब नशाखोरी पर रोक, शिक्षा का प्रसार बेसिक ट्रेनिंग साहित्यिक शिक्षा की अपेक्षा उद्योग की शिक्षा पर बल दिया जिससे देश का सर्वोदय हो।

गाँधी जी ने सन् 1925 में ही लिखा था, "मैं भारत को स्वतन्त्र और बलवान बना हुआ देखना चाहता हूँ।"

मूल्यांकन यह स्पष्ट करता है कि गाँधी जी लक्ष्य-प्राप्ति के साधन भी लक्ष्य के अनुरूप ही स्वच्छ एवं पवित्र होने आवश्यक हैं। उन्होंने-सत्याग्रह, उपवास असहयोग तथा सविनय अवज्ञा आन्दोलनों एवं रचनात्मक कार्यक्रमों द्वारा अपने कथ्य को करनी में परिवर्तित कर सभी को चकित कर दिया। समाज के उत्थान के लिए हृदय की पवित्रता अथवा आत्मशुद्धि के द्वारा ही संभव है। समन्वयवादी भावना पर बल देते रहे। गाँधीजी के सर्वधर्म - समभाव की मूल प्रेरणा सर्वजन हिताय की भावना से ही उदय होती है। नैतिक विकास को बढ़ावा देने का सतत प्रयास कर विश्व को प्रामाणित कर दिया कि जहाँ चाह वहाँ राह होती है।

शिक्षक दिवस. शुभकामनाओं सहित

5.9.1998 मधु धवन

कहाँ जा रहा है भारत.....?

प्रथम अंक

पहला दृश्य

[मंच को दो भागों में बाँट लें। एक ओर मन मुताबिक प्रतीकात्मक रंगमंच बनायें जिसमें विशेष रूप से आतंकवादी वातावरण के रूह कंपा देने वाले चित्र, आगजनी, भयंकर बीमारियों के रोगी, प्रदूषण इत्यादि का आभास हो। जहाँ एक ओर तकनीक की उन्नति है तो दूसरी ओर मानवीय चेतना का ह्रास। मंच के दूसरे भाग में गाँधी जी अकेले बैठे लिख रहे हैं। बीच-बीच में उनकी नजरें सामने के दृश्य पर जाती हैं। वे चिन्तन करते हुए प्रतीत होते हैं। थोड़ी देर बाद लिखना बन्द कर उठ बैठते हैं और कक्ष में गहन गंभीरता से टहलते हैं। उनकी अन्तरात्मा की छायाएँ एक-एक कर क्रमवार निकल कर मंच पर आ जाती हैं–]

गाँधी – भारत की स्थितियाँ गंभीर होती जा रही हैं....क्या (स्वगत) तुम देखते रहोगे....?

दूसरा – मैं कोई तमाशबीन तो नहीं जो देखता रहूंगा...?

प्रथम – फिर...?

दूसरा – फिर... का क्या मतलब...?

तीसरा – यदि तुम तमाशबीन नहीं तो क्या कर रहे हो...?

पहला – *[गंभीरता से]* स्वर्ग में बैठकर मैं कर ही क्या सकता हूँ....?

दूसरा – यहाँ से ही तो ज्यादा अच्छा काम कर पाओगे...।

तीसरा – *[जोर से हँसता हुआ]* यह खूब कही... बात सोलह आने सच कही।

पहला – क्या कर सकता हूँ...? *[चिन्तनशील मुद्रा में घूमते हैं]*

[सोचते हुए] यह चिन्तन का विषय है।

[दोनों प्रतिरूप अदृश्य हो जाते हैं]

पहला – कैसे करूँगा... आज वह समाज नहीं रहा... आज लोग मनचले हो गए हैं....

दूसरा – तुमने कितनी खोज की थी क्या था जीवन का सत्य ?

पहला – हाँ.... मेरे भक्तिपूर्ण खोज ने मुझे 'ईश्वर सत्य है' के प्रचलित मंत्र के बजाय 'सत्य ही ईश्वर' का रूप दिखाया।

दूसरा – तो इसी से काम शुरू करो.....

पहला – हाँ.... तुम ठीक कहते हो.... जब भारत गुलाम था। उस समय भी मैंने यही निश्चय किया था श्रद्धा, मैत्री, विश्वास, प्रेम, करुणा की राह पर चलूँगा जिन्होंने भारत की नैतिक भावनाओं को

खाया है वे मुझे भी खा लें। मुझे कोई भय नहीं किन्तु मैं मानवता की पूँजी में वृद्धि ही करूँगा.....

दूसरा – तो फिर सोच क्या रहे हो.......?

पहला सोच रहा हूँ कि उस समय लोग बहुरूपिए स्वार्थी नहीं थे किन्तु अब बहुत ज्यादा हैं।

पहला – कैसे करूँ... कहाँ से शुरू करूँ....?

दूसरा – मेरी राय में व्यक्तिगत उत्थान से काम शुरू करो...।

तीसरा – *[एकाएक सामने प्रकट होता है।]* कुछ भी करने से पहले चिन्तन-मनन अनिवार्य होता है....। आज पहले जैसी बातें और वातावरण नहीं है।

पहला – *[अपनी गलती को स्वीकारते हुए]* तुम ठीक कहते हो....*कुछ पल मौन टहलते हुए]* तुम्हारा कहना भी ठीक है। *[फिर टहलते हैं]* तुम ठीक कहते हो मनुष्य एक पूर्ण इकाई है जिसका व्यक्तिगत उत्थान समाज और देश दोनों के लिए ही वरदान स्वरूप होता है।.... मुझे अब क्या करना चाहिए ?

तीसरा – सोचो उत्थान कैसे होना चाहिए....? *[बात काटता हुआ]*

दूसरा – उत्थान चहुमुखी हो....

तीसरा – उदात्त गुणों का विकास होना जरूरी है।

दूसरा – ये कौन से गुण हैं पहले यह बताओ –

पहला – *[गिनाते हुए]*प्रेम, विश्वास, श्रद्धा, करुणा, अहिंसा, सत्य

दूसरा – केवल अहिंसामय.... केवल अहिंसामय होना चाहिए....

पहला – होना चाहिए नहीं.....होना परमावश्यक है।

तीसरा – यह बात खासतौर ध्यान देने की है।

पहला – आज आतंकवादी माहौल पैदा हो गया है....यह मार-काट की प्रकृति मुझे अच्छी नहीं लगती। किसी को मारकर, हत्या कर उसकी सम्पत्ति का मालिक बनना....अपने भारतीयों को ही....?

दूसरा – यही तो कर रहे हैं लोग....

तीसरा – आज व्यक्ति धर्मभीरू नहीं रहा, वह स्वयं अपने भाग्य का निर्माता बना फिरता है।....

पहला – किसी की आह पर कोई जीवन वाहवाही पा सका?

दूसरा – यह तुम सोचते हो.... केवल तुम। दुनिया तो तुम्हें 'लाचारी का नाम महात्मागाँधी' कहती है कितनी बार तो तुम सुन चुके हो और मुस्कुरा चुके हो।

पहला – जो भी हो आहिंसामय जीवन ही व्यक्ति को उत्थान की ओर ले जा सकता है।

दूसरा – लोग रातोंरात अपने सपनों को पूरा करना चाहते हैं उनमें सब्र कहाँ....? यदि सब्र होता तो वे

आतंकवादी बनते....? वे काम करने वाले परिश्रमी न होते? तुम अपनी दृष्टि बदलते क्यों नहीं? एक आजादी हासिल क्या कर ली इसका यह मतलब तो नहीं कि सदा लोग तुम्हारी माने अपनी मन मर्जी न करें ? तुम्हारी मानेंगे तो तुम नादिरशाही नहीं कहलाओगे ? (चिन्तन)

– प्रजातान्त्रिक शासन प्रणाली में यह अनुचित न होगा ?

पहला – कुछ और गहन चिन्तन की आवश्यकता है।

दूसरा – हर व्यक्ति निरन्तर सत्य–अहिंसा पर कैसे चल सकता है ?

पहला – नहीं चल सकता है तो उसे चलना सीखना चाहिए।

दूसरा – कोई किसी की क्यों परवाह करेगा....?

पहला – अहिंसा..... हिंसा... वास्तव में हमारी आंतरिक अनुभूतियों की अभिव्यक्ति ही तो होती है।

दूसरा – आतंकवादी ज्यादा रौद्र होते हैं, उनके सामने अहिंसा की बात करने की सार्थकता नहीं उन्हें तो अर्थ चाहिए....।

पहला – अहिंसा सदा दूसरों को नुकसान पहुँचाने की बजाय अपने जीवन का त्याग करने के लिए तत्पर रहती है.... *[दूसरा प्रतिरूप जोर-जोर से हँसता है।]* *[प्रकाश मंच के दूसरे कोने पर होता है।]*

दूसरा दृश्य

एकाएक सात-आठ बन्दूकधारी काले साफों से मुँह-सिर लपेटे प्रवेश करते हैं। उनको देखकर घर के लोग – चीखते हैं....बचाओ....

एक – *[जोर से]* खामोश ! नहीं तो भून डालूंगा।

दूसरा – लाइन में खड़े हो जाओ।
[बूढ़े माता-पिता, बहू-बेटा, दो जवान लड़कियाँ सब लाइन में खड़े हो जाते हैं।]

एक – खबरदार किसी ने कोई चालाकी की तो...

दूसरा : बाँध दो इनको। *[सब उन्हें तेजी से बाँधने लगते हैं। पहले उनके मुँह पर टेप लगाते हैं।*
: बाँधते वक्त मनचले जवान लड़कियों को चूमते हैं। वे बेबस घृणा और क्रोध की नजरों से उनकी ओर देखती हैं। वे उनकी टेप उतारते हैं और जबरदस्ती करते हैं।

एक : खबरदार....अभी तो हम सब तुझे... चूमेंगे.....
[पास आता है।]

दूसरा : जाओ घर की तिजोरी का माल निकालो।
[सब उस ओर जाते हैं।]

एक : सुनो ! अपने – अपने प्रभु को याद कर लो....
[गोलियों की आवाजें आती हैं। लड़कियों की भयानक चीखें वातावरण को चीरती हुई सन्नाटे में बदल जाती हैं।]
सब जोर-जोर से हँसते हैं। उनकी घिनौनी लोभी क्रूर हँसी कुछ देर वातावरण में भरती रहती है।
[प्रकाश मंच के दूसरे कोने पर होता है।]

तीसरा - दृश्य

[गाँधी जी हतप्रभ उस दृश्य को देखते हैं।]

गाँधी – व्यक्तिगत उत्थान........ क्या व्यक्तिगत उत्थान की संभावना है ?

पहला – वास्तविकता तो यही है जो देख रहे हो......

गाँधी – व्यक्तिगत उत्थान की जिस महान आकांक्षा का मैं इच्छुक हूँ उसका अस्तित्व हृदय की पवित्रता पर टिका हुआ है।

पहला – तुम इन आतंकवादियों से क्यों नहीं पूछते.....?

गाँधी – क्या पूछूँ ?

दूसरा – यही कि हृदय की पवित्रता में मनुष्य विवेक से साम्य स्थापित कर सकता है ?

गाँधी – तुम ठीक समझे हो। *[रुककर]* जो हृदय शुद्ध नहीं उन्हें ईश्वर के दर्शन कभी नहीं हो सकते *[रुककर]* इसलिए आत्मशुद्धि का अर्थ जीवन के समस्त पहलुओं में शुद्ध होना है।

पहला – शुद्ध होना है या करना है ?

गाँधी – हृदय यदि अशुद्धि का शिकार रहेगा तो आसपास का वातावरण भी अशुद्ध हो जाएगा और मानव इसी भाँति पतन की ओर चला जाएगा।

पहला – तो बताओ मनुष्य को....।

दूसरा – *[एकाएक आ जाता है]* यह मत भूलो; हृदय की अपवित्रता के कारण जीव अपने सद्भाव स्नेह, सहानुभूति, सत्य को खोकर आजीवन विकारग्रस्त हो जाता है।

गाँधी – आत्मशुद्धि के बिना मानव मात्र के साथ ऐक्य की भावना स्थापित कभी नहीं होती।

[तीसरा प्रतिरूप आ जाता है।]

तीसरा – मैंने ऐसे लोग भी देखे हैं जो कहते हैं –, यदि आप परमात्मा को पाना चाहते हैं तो लोभ न करें। क्या यह लालच नहीं ? भगवान को पाने की ?

गाँधी – मन की शुद्धता का अर्थ होता है मात्र देना। मन तो यही चाहता है क्या पाया मैंने ? पाने से सिर्फ और अधिक पाना ही हम सीखते हैं। किन्तु मन यदि पूछता रहे, क्या पाया मैंने ? इस पाने की क्या उपलब्धि हुई ? कुछ भी तो नहीं ? यदि मन इस बात को समझ ले, तो उसकी समझ ही रूपान्तरित हो जाती है।

पहला – तो बात यह हुई कि जब आप देते हैं तो निरन्तर पाते चले जाते हैं।

दूसरा – बात तो शुद्धि की शुरू हुई थी ?

पहला – ईश्वर की प्रार्थना भी शुद्धि का एक मार्ग है।

तीसरा – तो केवल प्रार्थना करने से शुद्धि मिल सकती हैं ?

पहला – प्रार्थना या उपवास शुद्धि की एक शक्तिशाली प्रक्रिया है।

दूसरा – प्रार्थना से कैसे मन शुद्धि की बात आती है ?

गाँधी – प्रार्थना से मन में एकाग्रता तथा श्रद्धा की उत्पत्ति होती है जो ईश्वर के साथ एकाकार कराती है।

दूसरा – क्या दूषित मन से अल्लाह या ईश्वर का नाम लेना प्रार्थना नहीं है ?

गाँधी – क्यों नहीं ? प्रार्थना दूषित मन को साफ करती है।

दूसरा – क्या कहते हो नैतिक उत्थान के लिए ये सब जरूरी नहीं हैं ? *[क्रुद्ध स्वर में]*

गाँधी – सम्पूर्ण मानव जाति के उत्थान के लिए ये अनिवार्य है। लो और सुनो... *[हंसता है]* और सुनिए....

पहला – व्यक्ति और समाज दोनों एक दूसरे के पूरक होते हैं। इसलिए दोनों का उत्थान जरूरी है।

दूसरा – दोनों के उत्थान में किन-किन चीजों की जरूरत है ?

तीसरा – नैतिक मान्यताओं को बल देने की जरूरत है ?

चौथा – सारा समाज परम्परागत रूढ़ियों से जकड़ा है पहले ये निर्धारण करना होगा जिससे व्यक्ति-व्यक्ति को उचित और अनुचित कार्य का ज्ञान हो.........।

दूसरा – कहा जा सकता है नीति - धर्म का पालन किया जाए।

पहला – ये नीति - धर्म का रूप क्या होगा ?

दूसरा – (चिन्तन) नीति मनुष्य को यह विवेक प्रदान करेगी कि उसे कैसा बनना चाहिए।

पहला – कठिन है ...... नीति भविष्य का निर्माण करती है। नीति में धर्म का समावेश स्वयंमेव हो जाता है। बिना नीति के धर्म लंगड़ा है ....। यदि धर्म बना रहना चाहे, यदि उसे शुद्ध तत्वाज्ञान का, आत्मा के दिव्य मन्दिर का रक्षक माने, तो वह नीति के बिना शक्तिहीन है ।

दूसरा – ये तो तुम जानते हो.... समाज को कैसे समझाओगे ?

तीसरा – मुझे कुछ करके दिखाना होगा ....

चौथा – सोचना होगा ....।

पहला – जब मनुष्य का नैतिक उत्थान होगा तो उसकी समझ का स्वर भी बढ़ जाएगा। ऐसा मनुष्य यह घमंड नहीं करेगा कि उसका ही धर्म श्रेष्ठ है।

दूसरा – ऐसी स्थिति में सर्वधर्म समभाव की भावना पैदा होगी और सम्पूर्ण मानव जाति के बन्धुत्व के भाव बढ़ेंगे......

तीसरा – *[हंसता] है...* विचार करना बुरा नहीं... ऐसा जब हो जाएगा तो कितना अच्छा होगा ? *[चुप्पी लेता है]*

चौथा – बन्धुत्व की बात ही श्रेष्ठ है। जब यह भाव मानव में आ जाएगें तो वह पाप से घृणा करेगा, और पाप करने वाले पापी से भी तो करेगा ....?

तीसरा – उसकी क्या गारंटी हैं कि वह पाप करने वाले से घृणा न करे।

पहला – हाँ... कोई गारंटी नहीं है। होना तो यही चाहिए कि मनुष्य का ध्येय जहाँ कहीं मिले पाप..... पाप से घृणा करे, पाप करने वाले से नहीं।

पहला – मुझे तो जीवन का सार नैतिकता में ही दिखाई देता है

दूसरा – ऐसा क्यों ?

पहला – जीवन के आधारभूत सिद्धान्त नैतिक नियम है। नैतिकता ऐच्छिक नहीं और न ही ये सुविधा की चीज है। (चिन्तन) नैतिक नियम, स्वास्थ्य संबंधी नियमों के समान शाश्वत और अपरिवर्तनीय है।

दूसरा – नैतिकता कोई सरल वस्तु है ......? नैतिकता का वरण करना साधना का कार्य है। (चिन्तन) इसके लिए मनुष्य को त्याग करना पड़ता है (स्वर में उत्तेजना है।)

तीसरा – अपरिग्रह, अस्तेय, शरीरश्रम ये आवश्यक हैं। जिसे प्रभु पर विश्वास होता है वह संग्रह के फेर में नहीं पड़ता। उसे विश्वास होता है कि आवश्यकता पड़ने पर प्रभु अवश्य वह देंगे।

चौथा – परिग्रह से मनोवृत्ति दूषित होती है और मनुष्य का नैतिक क्षय होता है।

पहला – नैतिक उत्थान के अस्तेय के विचार का भी महत्व है साधारणतय अस्तेय का अर्थ दूसरे के स्वामित्व वाली वस्तु को न स्वीकार करना है। दूसरों की वस्तु पर अपने स्वामित्व की आकांक्षा करना पतन की एक निशानी है। हम जगत की समस्त वस्तुओं को परमेश्वर के रूप में देखें।

गाँधी – *(जोर - जोर से हँसते हैं।)* हर स्थिति में मुझे तटस्थ रहना है।

पहला – परिश्रम के बिना जो पदार्थ नहीं उपजते और जिनके किए बिना उनका उपभोग करे तो जगत् के प्रति हम चोर ठहरते हैं।

दूसरा – मुझे यह नहीं भूलना चाहिए कि हीन् जाति में जातिगत कठोरता के साथ अस्पृश्यता घर कर बैठी है। यह मानव जाति के लिए कलंक है।

तीसरा – तुम जो स्वराज्य की कल्पना कर रहे हो अस्पृश्यता रहते हुए स्वराज्य का क्या अर्थ?

चौथा – यदि तुम छोटी जाति में पैदा हुए होते तो.........तो तुम्हारे साथ भी यही होता जो समाज में आज हो रहा है

दूसरा – समस्या तो यह है कि अस्पृश्यता मानने वालों की संख्या ज्यादा है।

अस्पृश्यता का विचार घृणा भाव को जन्म देता है। निम्न वर्ग को हमने अपने से कितना दूर कर दिया है। माता जो संतान की सेवा करती है वही सेवा वे समाज की करते हैं। उनको अछूत मानना, उनका अपमान करना मानो मनुष्यत्व गंवाना है।

क्या करना चाहिए ....? *[गूंज से समस्त स्टेज गूंजने लगता है]*...... क्या करना चाहिए......क्या करना चाहिए-

पहला – सुन्दर स्कूल, कुएँ बनाने चाहिए जिसमें सर्वसाधारण लाभ उठा सकें। नगरपालिका की पाठशालाओं में बगीचें हों..... आज पिछड़ी जातियों के लिए अब समाज में बहुत कुछ हो रहा है।

बुनकर बुनता रहें, चमार चमड़ा कमाता रहे और

भंगी पाखाना साफ करता रहे सब अछूत न समझे जाए।

दूसरा – तुमने इस चौथे वर्ण के लिए क्या नहीं किया किन्तु वे भूल गये।

गाँधी – इनका क्या नाम रखूँ......? हाँ...... हरिजन......बदल गए हैं। हरिजन नाम ज्यादा अच्छा और सुन्दर है।

दूसरा – हाँ हरिजन यानी कि हरि के जन............ये सुन्दर है......

तीसरा – समाज का विकासमान अंतर्गठन शान्तिपूर्ण जीवन के लिए यह कदम आवश्यक है। (गाँधी जी में समा जाता है)

चौथा – यह समाजीकरण के लिए अनिवार्य है।

– हरिजनों के लिए सुव्यवस्था करना सरकार का काम है। वे कर रही हैं......

गाँधी – हरिजनों को स्वयं भी आगे बढ़ना चाहिए।

चौथा – क्या सरकार को गन्दगी ढोने के लिए गाड़ियाँ नहीं देनी चाहिए।

गाँधी – बिलकुल देनी चाहिए तथा रहन–सहन की सम्पूर्ण सुविधाएँ देनी चाहिए। अब समय आ गया है मुझे कमर कस लेनी चाहिए।

(उठते हैं। चौथा प्रतिरूप उनमें समा जाता है।)

प्रकाश बुझता है

दूसरा अंक

पहला दृश्य

(मंच को सुविधानुसार दो भागों में बाँट लें। प्रकाश जला – बुझा कर मंच संचालन करें। मंच के एक ओर प्रकाश होता है। बापू तथा बा दिखाई पड़ते हैं बापू की आँखों से आँसू बह रहे हैं। बा उनकी ओर उन्मुख हो कुछ कहती है।)

बा – ये क्या तुम रो रहे हो?

बापू – मौन रहते हैं........

बा – कुछ बोलते क्यों नहीं........?

बापू – (लम्बी साँस खीचतें हुए) क्या कहूँ........?

बा – फिर भी .... बड़ी से बड़ी कठिनाई में कभी तो नहीं निकले ....।

बापू – बा........। जिस भारतवर्ष के हम गुणगान गाते हैं। आज उसकी दुर्दशा हो गयी है। (चुप्पी)

(मंच के दूसरे कोने में प्रकाश होता है। अब प्रकाश केवल पति-पत्नी पर है। दर्शक बा और बापू को देख नहीं सकते हैं।)

पति बलपूर्वक पत्नी से पैसे छीनना चाहता है।

पति – दे...............

पत्नी – मेरे पास नहीं है।

पति – झूठ बोलती है .... साली ....

पत्नी – चार – चार बच्चे हैं क्या उनका पेट नहीं भरना?

पति – साली .... देती है या मारूँ ....?

पत्नी – वह कैसी मनहूस घड़ी थी जब मेरा ब्याह तेरे जैसे शराबी – जुआरी के साथ हुआ .... *(स्वर में दर्द है)* हे भगवान मुझे उठा ले।

पति – बस कर राग अलापने .... *(धक्का मारता है।)*

पत्नी – नहीं दूँगी .... *(क्रोध और भय से रोती है।)*

पति – दे .... *[बच्चे रोने लगते हैं।]* तू उस दिन सेठ के यहाँ से लायी थी ना?

पत्नी – तू क्या कहना चाहता है?

पति – मैं इतना ही चाहता हूँ .... तू चुपचाप पैसे मेरे हाथ धर दे।

पत्नी – तू पति है कि क्या है? *(भयंकर हँसी हँसती है)* तू मेरे सुहाग की शक्ल में शैतान है .... शैतान

पति – *(उससे पैसे छीन लेता है। बच्चों का रोना सारा दृश्य मार्मिक बना देता है।)* चुप करो .... *[डाँटता है।]*

प्रकाश बुझ जाता है।

(अब प्रकाश बा और बापू पर है)

बा – उफ्! कितना कठोर पुरुष है.......।.......... उसे जरा भी अपने बच्चों पर दया नहीं आयी। .... शैतान कहीं का।

दूसरा – दृश्य

बापू – आओ तुम्हें बाजार ले चलूँ। (मंच के दूसरे कोने में प्रकाश होता है) बाजार में लोग खरीद – फरोश कर रहे हैं। दो पढ़े लिखे व्यक्ति आपस में झगड़ रहे हैं।)

पहला – मैं कहता हूँ .... तू पीछे हटता है या नहीं ....?

दूसरा – नहीं हटता .... बोल क्या करेगा ....?

पहला – तेरी यह हिम्मत ....?

दूसरा – अरे जा .... बड़ा आया तू ....।

पहला – *(कमीज की बाँहें रोल करता हुआ लड़ने को आगे बढ़ता है)* देख मैं तुझे आखिरी बार कहता हूँ .... तू पीछे हट जा

दूसरा – नहीं हटता .... कर ले जो करना है।

पहला – देख तूने शराब पी रखी है। तू होश में नहीं है।

दूसरा – ओए। तू कौन होता है मुझे ....

पहला – चल .... चल .... परे हट .... तू है शराबी और मैं शराबियों के मुँह नहीं लगता।

दूसरा – मैं पियूँ जो मर्जी करूँ तू कौन होता है?

पहला – पियक्कड़ .... गाँधी के देश में ....।

दूसरा – जा .... जा .... बड़ा आया गाँधी का चमचा।

पहला – हैं तू गाँधी जी को ऐसे कहता है।

दूसरा – कहूँगा .... कहूँगा .... गाँधी तेरा बाप है क्या......?

पहला – अरे बेवकूफ! गाँधी जी सारे देश के बापू हैं।

दूसरा – सारे देश के .... तेरी अक्ल तो नहीं मारी गयी

पहला – अक्ल तो तेरी मारी गयी है।

दूसरा – ओए सुन! जा अपने गाँधी को बुलाकर ले आ। *[रुककर]* मैं उसके सामने पियूँगा .... ओह याद आया .... यह वही ऐनक वाला बूढ़ा तो नहीं जिसके तन पर कपड़ा नहीं होता .... जो बकरी का दूध पीता है अरे .... उसे क्या मालूम है जीना .... उसे तो बच्चा - बच्चा जानता है .... उससे क्या डरना ....

पहला – अगर तू पढ़ा होता तो गाँधी जी के लिए ऐसा नहीं कहता

दूसरा – मैं सातवीं पास हूँ सातवीं .... और मेरी बीबी टीचर है .... स्कूल में टीचर

मेरी कपड़े की दूकान है। मैं अच्छा कमाता - खाता हूँ

पहला – तुम्हें गाँधी जी के बारे में ऐसा नहीं कहना चाहिए।

दूसरा – *(रहस्यात्मक स्वर में)* तुम्हें मालूम है गाँधी जी को जनरल नोलेज जरा भी नहीं है। वह न तो कभी पिक्चर देखता है और न उसे किसी फिल्म एक्टरों का नाम मालूम है। जानते हो जब चार्ली चेपलिन उससे मिलना चाहते थे। वे मिलने आए तो बाद

में उसने पूछा था कि यह चार्ली चेपलिन कौन हैं? *(कहता हुआ वह पहले के बहुत करीब आ जाता है।)*

पहला – *(उसे हलके हाथों से पीछे धक्का मारता हुआ)* पीछे हट शराबी कहीं का।

(दूसरे की पत्नी पुकारती हुई आती है।)

पत्नी – तुम यहाँ क्या कर रहे हो ....?

दूसरा – देखो यह मेरे पीछे पड़ा है।

पत्नी – तुमने फिर पी है ....? *[उसे पकड़ते हुए]* कितनी बार कहा है इतनी मत पिया करो। पी - पी कर घर को कंगाल कर दिया है।

दूसरा – क्या कहा ....? तू भी उसके साथ हो गई है?

पत्नी – गाँधी जी ठीक कहते थे ....।

दूसरा – क्या कहते थे ....? तेरे भी टाँके जुड़े हैं उससे .... *(दाँत पीसता है।)*.........

– (चिढ़ता हुआ) बोल क्या कहते थे तेरे गाँधी जी

पत्नी – गाँधी जी कहते थे .... *(रुककर)* जब तक व्यक्ति का अपना विकास नहीं होता तब तक वह न अपना हित साध सकता है और न समाज का हित कर सकता है। शराब पीना पाप है........... पाप ....।

दूसरा – अरे गाँधी को क्या पता ? उन्होंने कभी पी ? जोर – जोर से हँसता है।

प्रकाश बुझता है

तीसरा दृश्य

(मंच पर प्रकाश हो जाता है। बा और बापू दिखलायी देते हैं)

बापू – देखा .... भारत की स्थिति अन्दर ही अन्दर खोखली हो रही है। आओ आज तुम्हें समुद्र के किनारे ले चलूँ। देखो कि भारत का आर्थिक, सामाजिक और नैतिक पतन किस हद तक हो गया है।

(प्रकाश मंच के कोने पर होता है। कुछ लड़के जमीन पर बैठ पी रहें है। धुएँ के लच्छे आकाश की ओर उड़ रहें हैं।)

बापू – बा ! बीड़ी और सिगरेट के लिए भी मेरे मन में गहरा तिरस्कार है। बीड़ी और सिगरेट को मैं दुर्व्यसन मानता हूँ। वह मुँह को दुर्गन्धयुक्त बनाती है, दाँतों का रंग बिगाड़ती है।अक्सर केंसर जैसी भयानक बीमारी को जन्म देती है। *(लड़कों के पास जाकर)* तुम ये क्यों पीते हो?

पहला – कौन है बे तू ....?

दूसरा – तेरे बाप का क्या जाता है ?

तीसरा – बड़ा आया *(नकल उतारते हुए)* तुम ये क्यों पीते हो ? ले तू पी कर खुद देख ले .... *(उसकी ओर सिगरेट बढ़ाता है)*

चौथा – थकान दूर करने के लिए .... इतनी – सी बात नहीं समझते?

बापू – किसी भी स्वाभाविक रूप से काम करने वाले व्यक्ति को थकान हो जाने पर आराम करना चाहिए............

पहला – मैं गाँधी नहीं हूँ ....

बापू – तो बनो ....।

दूसरा – क्यों बने ....?

तीसरा – लाचारी का नाम महात्मा गाँधी .... तुमने नहीं सुना ?

बापू – परिस्थितियों का गुलाम गाँधी नहीं था।

तीसरा – चलो छोड़ो उसको। थकावट के समय तुम क्या करते हो ?

बापू – नींद लेता हूँ।

पहला – तुम नहीं पीते इसलिए तुम कुछ नहीं समझते।

बापू – शराब पीने वाला व्यक्ति विवेकहीन हो जाता है

दूसरा – वह कैसे ?

बापू – शराबी को माँ, बहन और पत्नी का भेद भूल जाता है और वह एक न एक दिन ऐसा गुनाह कर बैठता है जिसके लिए उसे कोई क्षमा नहीं करता।

तीसरा – तुम नहीं समझोगे .... तुम नहीं समझोगे कि मैं क्या भोग रहा हूँ............ मैं कैसे बताऊँ ? बस एक घूँट पीकर ही मैं चैन से सो सकता हूँ।

बापू – गलत, बिलकुल गलत।

पहला – तुम क्या जानो हमारा दर्द .... रिक्शा ढो-ढोकर देखो पता चलेगा काम क्या होता है। शाम होते-होते शरीर चूर-चूर हो जाता है। बस शराब से थकान मिट जाती है। श्रम के उपरान्त विश्राम का अचूक टानिक है।

दूसरा – इसमें मानसिक और शारीरिक क्लेश दूर हो जाते हैं।

बापू – तुम यह मत भूलो कि ये शारीरिक कई रोगों को जन्म भी देती है। एक विकार से दूसरे विकार को जन्म देती हैं। और धीरे धीरे शरीर बीमारियों की कैद में जकड़ जाता है।

पहला – तुम जो समझो हमें क्या......?

दूसरा – चलो .... चलो .... दूसरी जगह जाकर बैठते हैं। *[सब उठकर चले जाते हैं।]* चले आते हैं रंग में भंग डालने के लिए ....

प्रकाश बुझता है।

चौथा-दृश्य

(प्रकाश मंच पर होता है। बा और बापू दर्शकों को दिखलायी देते हैं)

बा — अभी भी तुम चिन्तित हो ....?

बापू — क्या कहूँ इस पीने की लत को (मौन) ये सारे देश को न जाने कहाँ ले जाएगी?

बा — फिर .... क्या किया जाए.......?

बापू — (चिन्तित) .... मेरी चिन्ता पल - पल बढ़ती जा रही है।

बा — सारी दुनिया को क्या करोगे............?

बापू — यह पीने की बीमारी में पशुत्व के चिन्ह है और स्वयं पशु बनाने की क्षमता भी। शराब और अफीम जैसी नशीली चीजें शैतान के दो हथियार हैं। उनसे वह अपने असहाय गुणों को मारकर बुद्धि हर लेता है और उन्हें नशे में चूर - चूर कर देता है।

बा — मैं जानती हूँ तुम्हें कौन - कौन से दृश्य सता रहे हैं ?

बापू — *(कुछ पल बा की ओर देखते रहते हैं फिर किसी गहन चिन्ता में खो जाते हैं।)* शराब से पैदा होने वाली बुराई का जितना कड़वा अनुभव मुझे हुआ है, मैं नहीं जानता कि उतना सार्वजनिक काम करने वाले किसी और सेवक को हुआ होगा।

बा – *(हैरान होते हुए)* तुमने मुझे बताया नहीं-तुम्हें अनुभव ?

बापू – हाँ *(गंभीर स्वर में)* दक्षिणी अफ्रीका में "गिरमिट में काम करने वाले हिन्दुस्तानियों में बहुत से शराब पीने के आदि होते थे। वहाँ ये कानून था कि हिन्दुस्तानी लोग शराब अपने घर नहीं ले जा सकते थे। जितनी पीनी हो, शराब की दूकान पर बैठकर पी लें। नारियों को भी शराब की लत पड़ गयी थी। उनकी जो दशा थी वह अत्यन्त करूणाजनक थी।

बा – तो कैसे रोक लगाओगे ......? अब देश आजाद है। तुम्हें जो करना था उस समय करते अब तो लोगों के मिजाज ही बदले हुए हैं।

बापू – शराब बन्दी के लिए कितने तो प्रयत्न किए थे.....

बा – तो अब क्यों चिन्तित हो? छोड़ो होने दो जो होता है.........।

बापू – यह तुम कह रही हो...........? विश्वास नहीं होता.......। मेरे लिए शराब बन्दी का प्रश्न नीति और नैतिकता का प्रश्न है। अहिंसा का आधार बना जिस देश को आजाद कराना मेरा लक्ष्य था .... उसे यूँ ही जाने दूँ ......।

बा – तुमने उस समय कुछ कठोर कदम क्यों नहीं उठाए थे?

बापू – काश ! मुझे घण्टे भर का डिक्टेटर बना देते तो मैं सबसे पहले तमाम शराबखाने प्रतिफल दिए बिना बंद करा देता।

बा – तुम कैसे कर सकते थे?

बापू – जो शराब का उत्पादन करते हैं। उन्हें बलपूर्वक रोका जाना चाहिए। जो लोग बार - बार चेतावनी देने पर भी उसकी लत नहीं छोड़ते उन्हें बिना लम्बी - चौड़ी कार्यवाही किए तड़ातड़ सजाएँ दी जाएँ। *(रुककर)* मैं अपने बच्चों को आग में या गहरे पानी में जाने से जबरन रोकने से कोई संकोच नहीं करता। *(टहलते हैं।)* शराब पीने की छूट देना आत्महत्या करने के बराबर है। *(थोड़ी देर मौन टहलते हैं।)* मेरे सामने सवाल पहले "व्यक्तिगत स्वतंत्रता" के आदर्शों का है .... *(बीच में टोकते हुए)*

बा – आप शराब, अफीम, बीड़ी-सिगरेट की बात करते हैं उधर देखिए छोटे-छोटे लड़के-लड़कियों को चरस, ब्राउन शुगर और एड्स के शिकार नौजवानों को.....

प्रकाश मंच के दूसरे कोने पर होता है।

बहुत सारे लड़के-लड़कियाँ पसरे हुए पड़े है।

गीत बज रहा है-सब मस्ती में नाच रहे हैं।

कोई कहीं गिरता है और कोई कहीं।

प्रकाश बुझ जाता है

तीसरा अंक

प्रथम दृश्य

[बापू और बा मंच के दूसरे कोने से देख रहे हैं]

गाँधी — यह अच्छा है हम क्यों न इन दोनों में प्रवेश कर जाएँ।

बा — चलो........... *[प्रकाश बुझता है और जलता है।]*

[घर का बरामदा! अखबार पढ़ते हैं। थोड़ी देर अखबार उलट-पलट कर रख देते हैं।]

कनक — उफ् .... अखबार केवल भ्रष्टाचार, अनैतिकता से भरी हैं। कब सुधरेंगे हम ....?

पुष्पा — जब से मध्यप्रदेश सरकार ने आपको सेमिनार और गोष्ठियाँ आयोजित करने की अनुमति दी है। तब से आपका ध्यान कुछ ज्यादा ही भ्रष्टाचार और अनैतिकता को पकड़ने में लगा रहता है।

कनक — एक बात तो ठीक है। गाँधी जी के 125वाँ जन्मदिवस पर जो आयोजन विभिन्न स्थानों पर हो रहा है, उसकी रिपोर्ट बहुत अच्छी मिल रही है। सब अपने विचारों से यह स्पष्ट करना चाहते हैं कि गाँधी जी के विचार सिद्धान्त लागू होने चाहिए।

पुष्पा – जानते हो ....लोग तुम्हें बापू का प्रतीक और मुझे बा पुकारते लगे हैं।

कनक – तब तो हमारी जिम्मेदारी और बढ़ गई है। हम दोनों को बापू और बा बनकर गाँव - गाँव शहर - शहर जाकर गाँधी जी की दी गई शिक्षा का प्रसार करना होगा।

गंगूबाई – *(रोती हुई आती है)* है...........

पुष्पा – गंगूबाई .... क्या हुआ? .... रो क्यों रही हो?

गंगूबाई – *[रूदन में तीव्रता जिससे वातावरण भयानक हो....]*

पुष्पा – कुछ तो बोल ....?

गंगूबाई – क्या बोलूँ .... तुम कुछ नहीं कर सकती .... मेरी सात साल की बच्ची की शादी तीस साल के विधुर के साथ तय कर आया है कहाँ सात साल और कहाँ तीस साल का विधुर ....

पुष्पा – क्या .... तिवारी जी ....

तिवारी – मैंने सब सुन लिया है........... तुम जरा गाँधी जी के वाक्यों को निकालो...........और जल्दी से तैयार हो जाओ।

पुष्पा – पुस्तक के पन्ने पलटती है। बाल विवाह .... हाँ........... सुनो...........

तिवारी – वहाँ सुनाना चलो।

(प्रकाश मंच के दूसरे कोने में होता है।)

(सात साल की बच्ची का विवाह हो रहा है।)

तिवारी – रोको .... विवाह रोको .... यह अनैतिक है।

पंड़ित – विवाह तो होगा ही ....

तिवारी – क्या बकते हो.......? तुम जानते नहीं ये गाँव गाँधी का देश है -

पंडित – तो तुम क्या गाँधी हो ....? जो माता - पिता उचित समझेंगे वही होगा...........

तिवारी – पंडित .... ज़रा अक्ल पर हाथ मार .... इस नन्हीं बच्ची का विवाह

पुष्पा – इस दूषित समस्या को सुधारने के लिए गाँधी जी ने क्या नहीं किया...........? सुनो गाँधी जी क्या कहते थे ? *(पढ़ती है)* यंग इंडिया 27 अगस्त 1926 के अंक में वह कहते हैं - "यह बाल विवाह का रिवाज जितना शारीरिक बुराई है, उतनी ही नैतिक बुराई है, क्योंकि यह हमारे सदाचार की जड़ें खोखली कर देती है और शरीर का सत्यानाश कर डालती है।

पिता – ये तो भाग्य का विधान है ...... ये तो परमात्मा बनाता है .... जब विवाह का योग है तभी तो विवाह होगा........

तिवारी – जी नहीं महाशय! हम अपने को भाग्य पर छोड़कर मनमानी करने लगते हैं .... यह तर्क गाँधी जी स्वीकार नहीं करते थे कि यह सब भाग्य का लेखा है।

गंगूबाई – आप ठीक कहते हैं तिवारी जी .... मैं कब से समझा रही हूँ .... रो धोकर समझाया किन्तु ये कभी नहीं समझता।

पुष्पा – जानते हैं आप सब (पुस्तक में झांकते हुए) गाँधी जी ने बाल - विवाह को अनैतिकता की संज्ञा ही नहीं दी वरन् अधर्म भी बताया।

तिवारी – गाँधी जी ने कहा है - "जो लड़की गोद में बैठने लायक ही हो उसे पत्नी बना लेना धर्म तो नहीं है, लेकिन अधर्म की पराकाष्ठा जरूर है।"

पिता – नहीं....... नहीं मैं तो अधर्म नहीं धर्म का कार्य करना चाहता हूँ। कन्या दान का महायज्ञ कर अपने को कृतार्थ करना चाहता हूँ.......

मुझे क्षमा कीजिए .... गाँधी जी ने कहा सत्य कहा किन्तु हमारे समाज में दूषित प्रवृति है बाल विवाह .... 18 अगस्त 1926 यंग इंडिया।

पुष्पा – इस प्रथा का विरोध हम नारियों को करना चाहिए, गाँधी जी इस प्रथा की परम्परा का दोषी नारियों को ठहराते थे....

गंगूबाई – वह कैसे ....? हम नारियाँ कैसे?

पुष्पा – गाँधी जी का कहना था - स्त्रियों को जागरुक होकर इस प्रथा का डटकर विरोध करना चाहिए। यह काम विशेष कर स्त्रियों का है।

गंगूबाई – कितना सिर पटको, किन्तु कोई असर नहीं होता क्या मैं अकेली यह काम कर सकती हूँ ?

तिवारी – आप ठीक कहती हैं। बेशक पुरुषों को ही इसमें पूर्ण सहयोग देना है।

पुष्पा – पुरुषों को भी आगे बढ़ना होगा।

तिवारी – यह काम माताओं का ही है। माँ को ही यह शिक्षा देनी होगी। गाँधी जी कहते हैं "माँ को इंकार करने का अपना विशेष अधिकार और धर्म समझ लेना जरूरी है।"

पुष्पा – समाज को खोखला करने वाले पाखण्ड को दूर करो। गाँधी जी ने जो कुछ कहा वह ठोक - पीट कर कहा।

(लड़के के माता - पिता, बच्ची .... दूल्हा की ओर) देखते हुए।

तिवारी – (दूल्हे से) तुम्हें शर्म नहीं आती

[वह सिर झुका कर खड़ा हो जाता है।]
[प्रकाश बुझता है]

दूसरा दृश्य

तिवारी जी बैठे लिख रहें हैं। पुष्पा अनमेल विवाह और विधवा विवाह के बारे में गाँधी जी के विचार पढ़ रही है। बीच - बीच में उन्हें कुछ अंश सुना रही है। दर्शक समझ जाते है कि विधवा विवाह की समस्या पर विचार प्रकट किये जा रहें हैं। - पेज 217 पढ़ती है।

"गाँधी जी ने वैधन्य के सम्बन्ध में प्रचलित मतों को ठुकराया और समाज में विधवाओं को उचित स्थान दिखाने के लिए सद्प्रयत्न किए। वह स्वेच्छा से अपनाए गए वैधव्य को स्तुत्य मानते हैं लेकिन विवशताओं में इसे पाप कहते थे और घृणा की दृष्टि से देखते थे।"

मिश्रा का प्रवेश।

तिवारी – आइए .... आइए .... धन्य भाग्य हमारे.......

मिश्रा – नम्रता पूर्वक अभिवादन करते हैं तथा ऊँचे स्वर में नमस्कार पुष्पा भाभी जी .... शहर में चर्चे हैं ....

पुष्पा – नमस्कार मिश्रा जी .... बड़े दिनों बाद दिखाई दिए.......? क्या चर्चे चल रहे हैं जिन्हें सुनकर आना पड़ा।

मिश्रा – बा और बापू बनकर जनजागरण कर रहे हैं। *[दोनों मुस्कुराते हैं।]*

तिवारी – हमारा देश अपनी मर्यादाओं का अतिक्रमण कर अनजान राहों पर निकलता जा रहा है। आज भी गाँव में बाल विवाह तथा अनमेल विवाह हो रहे हैं। हम चाहते हैं कि जिन मान्यताओं को हम भूल चुके है उन्हें पुनः स्मरण दिलाए....... गाँधी जी ही

ऐसे थे जिन्होंने हर परम्परागत रूढ़ियों का गहन अध्ययन किया और विश्व को कई नई चीजें दिखलायी। आज भी जनता गाँधी जी के नाम से वस्तुस्थिति समझती है उसका पालन कर रही है।

मिश्रा – तो तुम दूसरे गाँधी हो ?

तिवारी – आप जो समझें.......

पुष्पा – मिश्रा जी .... आज भी समस्याएँ हैं जब हम यह कहते नहीं अघाते - "हमारा भारत महान" तो उसकी महानता बनाए रखने के लिए हमें कुछ करना है।

मिश्रा – मैं यह विवाह का निमंत्रण पत्र देने आया था।

(तिवारी जी निमंत्रण पत्र लेकर पढ़ते हैं।)

तिवारी – ये क्या .... शादी कोर्ट में ....

मिश्रा – *(निराश स्वर में)* क्या कहूँ, दिल आया गधी पर तो परी से क्या काम ?

तिवारी – मैं समझा नहीं ?

मिश्रा – बेटा .... एक विधवा से विवाह कर रहा है और मैं यह विवाह कदापि नहीं चाहता ....

अरे भाई, दुनिया क्या खत्म हो गयी है .... तुम पढ़े लिखे उच्चाधिकारी हो फिर .... विधवा को पूछिए .... क्या पड़ी है विवाह की ?

पुष्पा – ये तो बड़ी अच्छी बात है।

तिवारी – मिश्रा जी, मेरे पास अलफ्फाज़ नहीं है ....

मिश्रा – *(हक्काबक्का होकर)* .... क्या ? .... आप दोनों प्रसन्न हैं।

पुष्पा – *(प्रसन्नता से)* सुनिए .... सुनिए .... गाँधी जी ने वैधव्य के सम्बन्ध के प्रचलित मतों को ठुकराया और समाज में विधवाओं को उचित स्थान दिलाने का सदप्रयत्न किया।

पुष्पा – गाँधी जी स्वेच्छा से अपनाए गए वैधव्य को स्तुत्य मानते हैं लेकिन विवशता के कारण अपनाया गया वैधव्य पाप तथा घृणा ही मानते थे।

मिश्रा – कहाँ लिखा है -

तिवारी – वह कहते हैं - बल पूर्वक पालन कराया वैधव्य ...

मिश्रा – मैं दिन रात दुखी था ....

पुष्पा – आपके हाथों एक अच्छा काम होने जा रहा है .... प्रसन्न होइए ....

मिश्रा – गाँधी जी ने और क्या कहा है ....

पुष्पा – (पढ़ती हुई) जब तक हमारे यहाँ हजारों विधवायें रहेंगी, तब तक हम ऐसी सुरंग पर बैठे हैं जो किसी भी क्षण भभक कर फूट सकती है। अगर हमें शुद्ध होना है, अगर हम मानव जाति को बचाना चाहते हैं तो हमें जबरदस्ती के वैधव्य का यह जहर निकाल ही डालना चाहिए। (5 जुलाई, 1926 यंग इंडिया)

मिश्रा – समस्या बहुत बड़ी है .... लोगों का कहना है कि एक बार पिता जब कन्यादान कर देता है तो वह फिर कैसे उसी कन्या का, विधवा होने पर दुबारा दान कर सकता है।

तिवारी – अगर विधुर का पुनर्विवाह हो सकता है तो विधवा का क्यों नहीं ....?

मिश्रा – गाँधी की बात कहो - तिवारी जी मन को शान्ति मिलती है।

तिवारी – गाँधी जी का ही कहना है विधवा को भी पूरा अधिकार विवाह का होना चाहिए। इससे गुप्त बुराईयाँ नहीं होगी।

पुष्पा – मिश्रा जी आपने हमारे अभियान कार्य में सजीवता ला दी है....... हम आज अत्यन्त प्रसन्न हैं। कथनी और करनी का साकार प्रत्यक्ष उदाहरण।

[तिवारी और पुष्पा एक साथ-] हम यह विवाह धूमधाम से फूलबाग में आयोजित करना चाहेंगे।

मिश्रा – निमंत्रण कार्ड जो छप चुके हैं। कल तक जाएँगे।

तिवारी – चिन्ता क्यों करते हैं आज नई तकनीक इतनी विकसित है कि कार्ड पुनः छपेंगे और आधे से ज्यादा शहर और आस - पास के समस्त गाँव को न्यौता दिया जाएगा क्योंकि इस प्रथा का उन्मूलन और जन जागरण समस्त गाँव - कस्बों -शहरों में चाहिए।

पुष्पा – यह तो बहुत ही मंगल सूचना है

....

वन्दे मातरम्

(पृष्ठ भूमि से)

जहाँ डाल - डाल पर
सोने की चिड़ियाँ

....

प्रकाश बुझ जाता है

तीसरा दृश्य

(मंच पर प्रकाश होता है)

बा – अब बस भी कीजिए कितनी देर तक चिन्ता की चिता में जलते रहेंगे?

बापू – (दयनीय दृष्टि से बा की और देखते है।) तुम जानती हो न.... कि कितनी जानें गवा कर हम आजादी लाये थे... अब फिर विदेशी का मोह भारत को ले डूबेगा....(रुककर) उदारीकरण और भूमण्डलीपकरण के नाम पर बहुराष्ट्रीय कम्पनियों का आगमन फिर वही गुलामी में जकड़ लेगा।

बा – कहते तो तुम ठीक हो। जरा-सी ईस्ट-इंडिया कम्पनी आयी थी और धीरे-धीरे कर सारे भारत को निगल गयी। दीमक की बनायी बाँबी में जैसे साँप आ जाता है और सत्ताधारी बनकर दीमक को ही खा जाता है उसी तरह ये कम्पनियाँ भी करेंगी.....।

बाबू – मैं स्वदेशी के लिए क्यों रोता था क्योंकि अपना पैसा घर ही रहे (बात काटते हुए)

बा – भारत के गाँव तो वैसे ही हैं केवल शहरी ही तो विदेशी माल खरीदते है।

बापू – तुम भूलो मत ये थोड़े से शहरी ही तो पैसा खर्च करने की क्षमता रखते हैं। वह पैसा विदेश में चला जाता है....

बा – विदेशी माल की किस्म भी तो बढ़िया होती है... भारत में बनने वाले उत्पादन की किस्म कितनी धटिया होती है।

बापू – इसी बात पर ही तो भारत का माल बाजार में पड़ा रहता है।

बा – इस बात को कैसे ठीक किया जा सकता है ?

बापू – कम से कम अपने भारतीय उत्पादनों से बनी चीजें खरीद कर अपने देश को मजबूत किया जा सकता है।

बा – बहुराष्ट्रीय कम्पनियाँ देती भी तो बहुत हैं

बापू – कहाँ से देती हैं ? हमारा ही धन हमें थोड़ा देकर शेष बटोर ले जाती हैं। यह भी तो सोचो

बा – करने वालों को देखना चाहिए।

बापू – ये करने वाले ही तो स्वार्थी हैं सारा धन स्विस बैंक में डालकर या बाहरी देशों के कलेबरेशनस यानी जुड़कर भी कोई फैक्ट्री खोली जाती है तो भी कितनी हानियाँ होती है (रुककर) पहला नई मशीनें आयेंगी बेरोजगारी की समस्या पैदा करेंगी। दूसरा सारा पैसा तथा उत्पादन विदेशों में जाएगा.....

(चिन्तित) उफ्.....

(प्रकाश बुझ जाता है)

चौथा अंक

प्रथम दृश्य

[प्रकाश मंच के दूसरे कोने में होता है। कुछ लोग बैठे हैं। प्रकाश कुछ देर तक जलता रहता है फिर बुझ जाता है।]

प्रकाश होता है।

एक – क्या कहा नर-नारियाँ दोनों एक साथ काम करेंगे

दूसरा – क्या ये उचित है ?

पहला – क्यों नहीं ?

दूसरा – स्त्री और हम से मुकाबला ....?

पहला – ये तुम क्या कहते हो ? भारत वीरों का देश है और वीर स्त्री के चलते ही तो निर्मित हुए हैं।

दूसरा – गाँधी जी ने भी तो स्त्री की दशा को सुधारने का कार्य किया। यह अच्छी बात नहीं कहीं। वे ब्रह्मचर्य की बात करते हैं तो कहीं वे स्त्री - पुरुष को मिलकर काम करने की बात करते हैं।

पहला – (हमारे प्राचीन) युग-युगों से चली आयी परम्परा को क्यूँ भूल गए ....?

दूसरा – क्या भूल गए ....?

पहला – भारतीय समाज में स्त्री को शक्ति के रूप में मान्यता प्राप्त होती रही है और उस रूप की सर्वदा पूजा भी हुई है।

(किसी भावलोक में तिरने लगता है)

नमो देविमहामाये विश्वोत्र्योत्तिकर शिवे।

निर्गणे सर्वभूतेशि मातः शंकर कामदे ।।

व्वं भूमिः सर्वभूताना प्राणः प्राणवतां तथा।

धीः श्रीः कान्ति क्षमा शान्ति श्रद्धामेद्या घृतिः

दूसरा – क्या पढ़ रहे हो ....?

पहला – यही की नारियों के प्रति यह पूजा भाव स्वतःमुखरित होता है कि जहाँ स्त्रियों की पूजा होती है वहाँ देवताओं का निवास होता है।

दूसरा – *(चुटकी लेते हुए)* वाह भई वाह! नारियों की पूजा होती है वहाँ देवताओं का निवास होता है .... तो चलो नारियों से दफ़्तर भर लो .... देवता आ जायेंगे और कार्य होने लगेंगे।

पहला – तुम हर बात चुटकी में क्यूँ उड़ा देते हो........... तुम ये बात समझने की कोशिश करो कि नारी की श्रद्धा भावना, स्नेह करने की उदारता और क्षमता ने उसे पुरुष वर्ग की श्रद्धा का स्वतः ही पात्र बना दिया।

दूसरा – नारी .... नारी .... नारी ..... तुझे क्या हो गया कहीं तुझे किसी से प्रेम तो नहीं हो गया है जो मेरा ब्रेन वाश कर रहा है ....

पहला – चुप कर .... प्रेम प्रेम .... नारी को देखते ही बस और कुछ नहीं सूझता? *(रुककर)* तू जानता है एक पिता का क्या स्थान होता है? सौ शिक्षकों के बराबर, एक पिता होता है, हजार पिताओं से बढ़कर एक माता होती है।

दूसरा – (हँसता है ....)

पहला – तुम खाली - पीली क्यूँ हँसते हो ....?

दूसरा – नारी को महान। तुम बना रहे हो ?

पहला – हमारे भारतवर्ष में एक ऐसा भी वक्त था कि स्त्री पुरुष को समानता से देखा जाता था कन्या के पैदा होने पर उसे विदूषी बनाने की इच्छाएँ रहती थी। शिक्षा के उपरान्त स्वयंवर की प्रथा थी। हर लड़की अपना वर चुन ले।

दूसरा – तुम क्या बक रहे हो ....?

पहला – मैं बक नहीं रहा .... मैं समझा रहा हूँ कि आज नारियों की हीन दशा का कारण है तुम जैसे सिर फिरे ......

दूसरा – अच्छा .... मुझ जैसे सिरफिरे ....

पहला – हाँ .... हाँ .... तुम जैसे सिर फिरे जिन्होंने नारी को मोहरा बना रखा है।

दूसरा – तुम यह मत भूलो कि समय के चक्र ने स्त्रियों की स्थिति को परिवर्तित कर दिया। महाभारत काल में पूज्या स्त्री को पतित बनाने के प्रसंग भी मिलते हैं। हिन्दू राजव्यवस्था तक नारी जाति का गौरव इतना अधिक विस्मृत नहीं मिलता जितना मुस्लिम काल के प्रभाव से हुआ।

पहला – तुम ठीक कहते हो मुस्लिम आक्रांताओं ने नारी को श्रद्धा की वस्तु से भोग की वस्तु बना दिया। सभ्य और सुसंस्कृत परिवारों की स्त्रियों के लिए घर से बाहर निकलना कठिन हो गया।

दूसरा – *(दुखी स्वर में)* - शिक्षा से वंचित उसे परदे की घुटने को स्वीकार करने के लिए झुकना ही पड़ा।

पहला – तुम नहीं जानते विवाह में स्वेच्छा का स्थान विवशता ने ले लिया .... क्या .... क्या .... क्या नहीं हुआ।

हमारे समाज के अच्छे वर के लिए दहेज प्रथा को जन्म दिया विधवा विवाह पर रोक लगा कर सती प्रथा के द्वार खुले

[प्रकाश बुझता है और मंच के दूसरे ओर जलता है]

स्वामी दयानन्द सरस्वती, राजाराम मोहनराय पर प्रकाश होता है। वे अपनी - बुलन्द आवाज में भाषण देते दिखलायी देते है।

[अब प्रकाश गाँधी जी पर होता है।]

गाँधी – बन्द करो जुर्म .... नारी पर जब तक एक भी ऐसी स्त्री मौजूद है, जिसे हम अपनी लम्पटता का शिकार बनाते हैं., तब तक हम पुरुषों का सिर शर्म से नीचा रहेगा। मुझे यह मंजूर है कि पुरुष जाति का नाश हो जाए मगर यह मंजूर नहीं कि भगवान की सृष्टि को अपनी वासना का शिकार बनाकर हम पशुओं से भी गए बीते बन जायें।

[अब प्रकाश मंच पर तर्क-वितर्क करने वाले नागरिकों पर होता है।]

एक – *[चिन्तित मुद्रा]* बात को विलकुल सही कहते हैं सभ्यता का शिकार............

*[गम्भीर]*मैं भी यह मानता हूँ और अनुभवी हूँ कि स्त्रियों के मामले में यदि पुरुष दखल न दें तो वे अपनी समस्याएँ आसानी से सुलझा सकती हैं, उनमें बुद्धि, शक्ति, कर्त्तव्यपरायणता की भावना ज्यादा होती हैं।

दूसरा – चलो अच्छा है .... जब उन्हें काम मिलेगा तो दफ्तरों के शुष्क वातावरण में चहल-पहल भी हो और काम करने में रुचि भी सबके अन्दर जगे।

[दोनों हँसते हैं।]

एक – अखबार में विज्ञापन निकालिए। [दोनों कागज लेकर बैठते हैं।]

प्रकाश बुझता है।

दूसरा दृश्य

प्रकाश मंच पर होता है। जिसमें पिता पुत्र को डाँटते हुए पूछ रहा है।

पिता – क्यों बेटे घुमक्कड ?

पुत्र – हाँ बापू पियक्कड़

पिता – धत् तेरे की .... क्या पिता से ऐसे बोला जाता है ?

पुत्र – क्या बात है बापू ....?

पिता – बता तेरा पर्चा कैसे हुआ ?

पुत्र – ठीक ही हो गया ....

पिता – कल किस सब्जेक्ट का; मेरा मतलब कल कौन-सा पेपर है ?

पुत्र – 'गाँधीयन स्टडीज'।

पिता – तब तो बहुत आसान है ....

पुत्र – क्या कह रहे हैं .... आसान है ....

पिता – गाँधी को जो मर्जी लिख दो।

पुत्र – अच्छा .... गाँधीवाद क्या है ?

पिता – जो सीधे रास्ते पर चलता है।

पुत्र – *[मुस्कुराता हुआ]* बस ....

पिता – *[लापरवाही से]* भारत को आजाद करने का काम ही नहीं किया बल्कि अछूतों को 'हरिजन' का नाम दिया ... अपनी अखबार का नाम 'हरिजन' रखा

पुत्र – इसे गांधीवाद कहते हैं ....?

पिता – और लो बेटा .... अस्पृश्यता-निवारण आन्दोलन को अधिकतम प्रभावशाली करने के लिए 21 दिन का उपवास किया। यह गांधीवाद है।

पुत्र – पिता जी ये तो घटनाएँ हैं न? गांधीवाद क्या होता है ....?

पिता – गांधी जब चला गया .... *[रूककर]* मेरी समझ में यह नहीं आता कि कालेज में इस तरह के विषय क्यों रखे जाते हैं *(चिंता-से)* 'गांधीयन स्टडीज' .... न उसने खुद खाया और न ही हमें खाने दिया .... हाँ याद आया 'न खाओ न खाने दो'. देश की सम्पत्ति बचाओ ...। और तो और हमारे पीने के सख्त खिलाफ था। कहता था।

"मैं चोरी से शराबखोरी को ज्यादा बड़ा गुनाह समझता हूँ।"

पुत्र – जिस दिन आप गाँधीवाद को समझ जाएँगे *[बात काटते हुए]*

पिता – ओह धुमक्कड़ पुत्र मैं तो समझा ही समझा हूँ.... तू मेरे ज्ञान की परीक्षा लेना चाहता है तो सुन गाँधीवाद है– अनुशासन में रहो, अन्तर्जातीय विवाह

करो, हिन्दी का प्रचार करो, खादी पहनो, बाल-विधवाओं का पुनर्विवाह करवाओ, उपवास करो, अपनी बात मनवाने के लिए आन्दोलन करो हड़ताल करो, सत्य बोलो, हरिजनों को गले लगाओ, गो-सेवा करो ...... याद करता हुआ .... और ...... और ....

पुत्र – खूब हँसता है...........

पिता – अरे तू घुमक्कड़ हँसता क्यों है क्योंकि मैंने.... नशाबन्दी का नाम नहीं जोड़ा...... *[जोर से हँसता है]*

पुत्र – मेज से अपनी पुस्तक उठाता है – सुनिए पिताजी! डॉ. मोटुरि सत्यनारायण लिखते है –

संसार में भारत ही एक ऐसा स्वयंपूर्ण स्वतंत्र तथा स्वायत्त सांस्कृतिक केन्द्र है। उसकी प्रकृति ने जीवन के लिए आवश्यक सभी सामग्री पैदा होने वाली समग्र अनुभूतियाँ प्रस्तुत की है, तभी तो यह विश्वास है कि हिमाचल में देवता निवास करते हैं और वहाँ उनके अधिपति भगवान शंकर का आवास है।

भगवान शंकर की धर्मपत्नी स्वयं उस नगाधिराज की पुत्री है। भारतीय साहित्य के जितने सांस्कृतिक बिन्दु हैं, उनसे उनके किसी न किसी भू-भाग से सम्बन्ध है। दैवी शक्तियों के साथ जोड़ने के लिए उत्तेजनात्मक पौराणिक चित्र बनाए गए हैं। गंगा-

गौरी संवाद के रूप में दक्षिण भारत में मशहूर एक कहानी है।

[प्रकाश बुझता है। मंच के दूसरे कोने में प्रकाश]

गंगा – मैं तुम्हारे लिए संदेश लायी हूँ।

गौरी – (कन्याकुमारी) कौन.... गंगा ....?

गंगा – हाँ, मैं उस पुरुष के यहाँ से आ रही हूँ, जिनके विरह से तुम दुखी हो गई हो और उनसे मिलने के लिए आतुर हो।

गौरी – तुम उनको कैसे जानती हो?

गंगा – मेरा नाम गंगा है। मैं उनके जटाजूट में रहती हूँ। तुम्हारा दुल्हा भी तुमको पाने के लिए तप कर रहा है। तुम चाहो तो मैं तुमको वहाँ ले जा सकती हूँ।

गौरी – यह तो आश्चर्य की बात है। तुम कहती हो कि उन जटाओं में तुम बसती हो, जिनको मेरे विरह में तप कर-कर उन्होंने बढ़ाया है।

गंगा – अवश्य, यद्यपि मैं उनकी जटा में बसी हुई हूँ तथापि उनके हृदय में तुम्हारा ही स्थान है।

गौरी – *[उत्सुकता से]* अच्छा

गंगा – मुँह से वे तुम्हारा ही नाम लेते हैं। मैं उनकी जटावासिनी इसीलिए बनी कि वे मुझे न तो अपने हृदय में स्थान देना चाहते हैं न अंकशैया पर ही।

गौरी – यह तो असम्भव है, वे तुमको जटाजूट में नहीं रख सकते। मेरे पति सच्चे भारतीय हैं। मुझे अपने दिल में रखकर किसी दूसरे को यह स्थान नहीं दे सकते हैं।

गंगा – तुम ऐसा मत सोचो कि तुम्हारे पास आज मैं पहली बार आयी हूँ। मैं वर्षों से इधर से गुजरती रही हूँ। तुम्हारे चरणों तक आकर भी तुम्हारे सती धर्म से प्रभावित होने के कारण संकोच करती रही। मुँह खोल कर उनका संदेश तुम्हें सुना न सकी। मैं प्रायः वर्ष में कम से कम एक बार तुम्हारे पास आती रही हूँ। अगर तुम मान जाओ, तो मुमकिन है कि हम दोनों को हृदय में समान स्थान मिल जाए। क्या तुम मेरे साथ चलने को राजी हो ?

गौरी – कतई नहीं। इस देश की संस्कृति के अनुसार एक पति दो दाराओं को नहीं रख सकता।

गंगा – जानती हूँ...........।

गौरी – क्या तुम बता सकती हो कि उस पुरुष का नाम क्या है और कहाँ रहते हैं ?

गंगा – उनका नाम शंकर है। वे हिमालय के उच्च शिखर पर रहते हैं, जो बर्फ से सदा धवल रहता है और उनका वाहन वृषभ है।

गौरी – यह सम्भव नहीं कि भारत के इस प्रदेश की प्रथा के अनुसार मैं उनके पास जाऊँ। हमारी सभ्यता है कि वे चाहें तो मेरे पास आएं। उनको अपने पास

रखने को मैं तैयार हूँ। तुम वापस जाओ उनको बुला लाओ। मैं तुमको मुँहमाँगा इनाम दूँगी........।

पुत्र – पिताजी! बताइए उससे आपको क्या पता चला.....?

पिता – भारत की नारियाँ कैसी होती है............?

पुत्र – इस लोककथा में भारत के भौगोलिक सांस्कृतिक और परिवेशगत एकता का सजीव प्राणवान सच्ची झलक दी है।

पिता – इतनी बड़ी बात है .... *[आश्चर्य प्रकट करता है।]*

पुत्र – यह बहुत बड़ी बात है। इसका सिरा थामकर भारतवर्ष की भावात्मक एकता के सिंहद्वार तक आसानी से पहुँच सकते हैं।

पिता – तुम ठीक कहते हो भारत के भौगोलिक दर्शन के बिना न तो भारतीय संस्कृति का अंदाजा लग सकता है और न ही इस सस्कृति के पूर्ण दर्शन किये बिना भारतीय जीवन दर्शन में निहित तत्वों, परिकल्पनाओं और प्रतीको का मूल्यांकन हो सकता है।

पुत्र – संस्कृति और साहित्य का जो रूप निर्मित हुआ है उसे भारत ने सम्पूर्ण विश्व का दर्शन करते हुए

किया। सम्पूर्ण विश्व की प्रकृति को पहचाना *[रुककर]* उसके स्वभाव तथा गीत-प्रगीत से परिचित होकर विश्व मानवता को अपने में उतारा। सम्पूर्ण भारतीय साहित्य में वसुधैव कुटुम्बकम की भावना मिलती है – जिससे मानवतावाद और भ्रातृत्ववाद निकलता है।

पिता – ओह .... *[द्वार की घंटी बजती है।]*

जा देख कौन आया है............?

पुत्र – *[आदेश का पालन करता है।]* अरे मनोहर। *[मनोहर का प्रवेश मनोहर पिता को नमस्ते करता है।]*

मनोहर – नमस्ते अंकल।

पिता – नमस्ते बेटा मनोहर .... कैसे आना हुआ ?

मनोहर – कल 'गाँधीयन स्टडीज' का पर्चा है............

पिता – *[खूब जोर से हँसते हैं]* तो तू भी............

पुत्र – अच्छा पिताजी हम पढ़ कर आपके साथ चर्चा करेंगे।

[प्रकाश बुझता है।]

तीसरा – दृश्य

[प्रकाश मंच पर होता है। गाँधी जी चुपचाप बैठे हैं।]

बा – मैं कहती हूँ आप इतने चिन्तित क्यों हो जाते हैं ?

गाँधी – शिक्षकों के प्रति सरकार की उपेक्षा उचित नहीं......

बा – सरकार अपने आप क्यों नहीं सही वक्त पर कुछ करती ?

गाँधी – शिक्षक देश निर्माता होते है। उनकी जितनी बुनियादी आवश्यकताएँ हैं वे तो कम से कम पूरी हों.........।

बा – अब कुछ खा तो लो ....।

गाँधी – तुझे खाने की पड़ी है..... मैं व्याकुल हूँ कि पुराणों में शिक्षक की महानता का गुणगान करने वाला देश किस प्रकार शिक्षक के प्रति बेरुखा हो गया है।

बा – क्या शिक्षकों की माँगे सही हैं......?

गाँधी – शिक्षक की हर माँग जायज है। जिस देश का राजनेता यानी राज्य का रक्षक चारा घोटाला आदि में इतना धन हड़प लेता है उस देश के शिक्षक को सजग होना चाहिए।

बा – [आश्चर्य से] वह क्यों?

गाँधी – क्योंकि जब शिक्षकों को वेतन दिया जाएगा तो सरकार का धन अन्य अनावश्यक अनुदान स्वीकृत करने में नहीं जाएगा और शिक्षकों को दिया गया वेतन स्रोत से आयकर कट सीधा सरकार को मिल जाएगा जिससे धन का अन्य महकमों में उपयोग होगा। दूसरी बात शिक्षकों की स्थिति स्तर ऊपर उठेगा।

बा – लो न्यूज देखो

[खबरों में सुनायी देता है – आज 30,000 शिक्षकों ने अपने को गिरफ्तार करवाया। सारे देश में आज धूमधाम से शिक्षक दिवस मनाया गया।]

बापू – बा .... यह देखा .... उफ् .... आज शिक्षक दिवस किन्तु कोई निर्णय नहीं। बेचैनी से टहलते हैं।

[प्रकाश बुझता है।]

[मंच पर प्रकाश होता है। बापू उसी तरह टहलते हैं।]

बा – आप सारी रात सोये नहीं ....?

बापू – देश की बुनियाद हिल गयी हो। मेरा मतलब देश के निर्माताओं यानी शिक्षकों की यह दुर्दशा हो .... उसे देख मुझे नींद आयेगी ....?

बा – लो आज की खबरें सुनो – रेडियो आन कर देती है। मानव संसाधन मंत्री मुरलीमनोहर जोशी ने शिक्षकों से बातचीत की और कहा कि उनकी कुछ हद तक मांगे मान ली जाएगी। पांचवें वेतन आयोग के अनुसार उन्हें वेतन मिलेगा। जनवरी 1996 जनवरी से यह लागू होगा तथा जिन प्राध्यापकों की उचित योग्यताएँ नहीं हैं उन्हें अनुभव के बल पर देखा जाएगा।

बा – लीजिए .... शिक्षकों की समस्त समस्याएँ सरकार ने सुन लीं तथा यह भी घोषणा की है कि वे अपनी 26 दिनों की हड़ताल खत्म कर बुधवार 9 सितम्बर से कक्षाएँ लेंगे।

बापू – प्रसन्नता से.........

गुरुर्ब्रह्मा गुरुर्विष्णुर्गुरुर्देवो महेश्वरः।

गुरुः साक्षात् परब्रह्म तस्मै श्री गुरुवे नमः।।

[प्रकाश बुझता है।]

चौथा दृश्य

[मंच पर प्रकाश होता है। सुनील योग साधना की मुद्रा में बैठा है............ उसके चेहरे पर नाराजगी की रेखाएँ हैं। पत्नी सोनी का प्रवेश।]

सोनी – मैं कहती हूँ अब योग साधना खत्म भी करो।

सुनील – *[इशारे से]* मेरा मौनव्रत है।

सोनी – *[इशारे से मौनव्रत की बात समझते हुए]* हे राम.... फिर मौनव्रत............ मैं कहती हूँ तुमको यह मौनव्रत की बीमारी क्या लग गयी है............

सुनील – *[इशारे से क्रुद्ध होने का प्रयत्न करता है।]* सामने लगी गांधी जी की फोटो की ओर इशारा करता है।

सोनी – इतने वर्ष तुम्हें गाँधी जी याद नहीं आए....... अब जब तुम 60 के होने को आए हो तो बापू और उनके विचार आ गये हैं.......... *[रुककर]* यह क्यों नहीं मानते कि सठिया गए हो............।

सुनील – मैं सठिया नहीं गया......... मैं गांधीवादी भावनाओं के ओर बढ़ रहा हूँ। *[लिख कर दिखाता है।]*

सोनी – *[खिलखिलाकर हँसती है।]* चलो देर आए दुरस्त आए.......... किन्तु मैं पूछती हूँ गांधी जी ने कब कहा कि घर में चुपचाप मौनव्रत लेकर बैठजाओ। *[खिलखिलाती है।]*

सुनील – तुम मेरा उपहास क्यों उड़ा रही हो...........?

सोनी – क्योंकि मौनव्रत वाले इतनी जल्दी मौन तोड़ते नहीं *[हंसती हुई कहती है।]*

सुनील – *[अपनी गलती को समझते हुए]* अच्छा... अच्छा ज्यादा हंसो मत....... यह नहीं करती कि मेरी शक्ति बने मुझे लक्ष्यसिद्धि में मदद करे.......

सोनी – *[और जोर-जोर से हंसती हुई]* सुनील मौनव्रतधारी जी! गुस्ताखी माफ। *[रुककर]* मेरे यह बाल धूप में सफेद नहीं हुए हैं। *[हंसती है।]* क्या मैं नहीं जानती कि मौनव्रत क्यों रखा गया है।

सुनील – *[इशारे से चिढ़ते हुए]* क्यों?

सोनी – जरूर कल किसी संस्था के अध्यक्ष पद की लालसा पूर्ण नहीं हुई होगी। *[अंदर जाती है।]*

सुनील – *[हतप्रभ-सा स्वगत्]* अरे ! इसे कैसे पता चला? जरूर किसी ने बताया होगा...........। कितनी आशा थी कि मुझे अध्यक्ष पद पर आसीन करवायेंगे किन्तु क्या मिला...........? आगे से मैं किसी संस्था में नहीं शामिल होऊँगा।

सोनी – *[सोनी का प्रवेश उसके हाथ में दो प्लेटे हैं। एक में जलेबियाँ हैं और दूसरे में पकौड़े। वह उन प्लेटों को लाकर सुनील के सामने रख देती है।]*

खाइए........... मौनव्रतधारी जी...........*[हंसती है]*

सुनील – *[अपना बड़प्पन दिखलाने के लिए मुँह फेर लेता है।]*

सोनी – *[उठकर रेडियो लगा देती है और गाने लगती है।]*

सुनील – *[आवेश में उठकर बंद करता है।]* मुँह पर हाथ रख चुप रहने का इशारा करता है।

सोनी – *[जाकर ऑन कर देती है।]* मैं कहती हूँ यह कहाँ का इन्साफ है...........? घर कोपभवन बना कर रख दिया है। मुझ से खफा भी नहीं हो ऊपर से मौनव्रत रख कर बैठे हो तो बताओ मैं क्या करूँ...........?

सुनील – *[लिखकर]* मौन रहो............।

सोनी – [मौन बैठी रहती है। वातावरण बोझिल होने लगता है।] मौन कभी-कभी वाणी से अधिक वाचाल होता है

सुनील – क्रुद्ध नेत्रों से देखता है।

सोनी – एक चुप सौ सुख........... *[राहत की सांस]* चलो अच्छा है...........जहाँ तक हो सके वहाँ तक मौन ही रहना चाहिए। मौन में अंतर्शक्ति जगाने की क्षमता होती है।

सुनील – इस बीच जलेबियाँ खाता है। [सोनी उसे देखकर जोर-जोर से हँसती है।]

सोनी – व्रत में खाया जाता है क्या ?

सुनील – खाना बंद करता है। [आग्नेय नेत्रों से देखता है।]

सोनी – कोई भी प्रतिज्ञा करना या व्रत लेना बलवान का काम है निर्बल का नहीं।

सोनी – *[बात टालते हुए]* अभी तो रिहर्सल है व्रत कल रखेंगे...........

सुनील – चीखता है सो........... नी...........

सोनी – व्रत में अपार शक्ति होती है, क्योंकि उसके पीछे मनोवैज्ञानिक दृढ़ता होती है।

सुनील – *[टेबल पर हाथ मारता है।]* सोनी...........

सोनी – संयम सीखो सुनील .... संयम सीखो दुर्बल मन का मनुष्य संयम-पालन नहीं कर पाता; लेकिन अभ्यास से संयय आ सकता है।

सुनील – मैं कुछ सीखना चाहता हूँ...........

सोनी – बोलना एक सुन्दर कला है; मौन उससे भी ऊँची कला...........

सुनील – मौन बेबस चिढ़ता-सा उसकी ओर देखता है।

सोनी – तुम गाँधी जी के मौनव्रत को धारण करना चाहते हो...........आओ पहले अभ्यास करें।

: दोनों का प्रस्थान

[प्रकाश बुझता है]

❖❖❖

हिन्दी नाटक

विकास-क्रम की दृष्टि से हिन्दी-नाटक साहित्य की विधा है। जो नया रूप धारण कर भारतेंदु युग में विकसित हुई। संस्कृत साहित्य में नाटकों की एक समृद्ध परम्परा रही। सत्रहवीं और अठारहवीं शती में कुछ नाटक अवश्य लिखे गए जैसे-प्राणचन्द चौहान का 'रामायण महानाटक' (सं.1667) बनारसीदास का समय सार (सं.1663), गुरु गोविन्द सिंह का 'चण्डी चरित्र, राजा यशवन्तसिंह का प्रबोध चन्द्रोदय (सं.1700) नेवाज का शकुन्तला (सं.1727) रघुराम नागर का 'सभासार' (1757) लच्छिराम का 'करुणाभरण' (1772) किंतु ये सब पध में लिये गए है। इसी प्रकार के कई नाटक 19 वीं सदी में रचे गए - माधवविनोद नाटक, जानकी राम-चरित नाटक, रामलीला बिहार नाटक।

आधुनिक युग के आरम्भ में अंग्रेजी-राज्य के शोषण और अत्याचारों से जन-चेतना का उदय हुआ तो नाटक इस जन-चेतना का वाहन बनकर साहित्य क्षेत्र में उतरे।

भारतेन्दु युग में खूब प्रहसन लिखे गए। 19 वीं सदी में रंगमचीय नाटक लिखे गए-अमानत का 'इन्दरसभा' और पं. शीतल प्रसाद त्रिपाठी का 'जानकी मंगल'। 'इन्दरसभा' गीति नाट्य परम्परा का पहला नाटक माना जाता है। महाराज विश्वनाथ सिंह का 'आनन्द रघुनंदन' और भारतेन्दु के पिता बाबू गोपालचन्द्र

का 'नहुष'। राजा लक्ष्मणसिंह ने कालिदास के प्रसिद्ध नाटक 'आभिज्ञान शकुन्तलम्' का अनुवाद किया। जिसमें खड़ीबोली गद्य और ब्रजभाषा का पद्य था। इस प्रकार खड़ीबोली-गद्य में यह हिन्दी का सर्वप्रथम अनूदित नाटक था।

पारसी-थियेटर और भारतेन्दु युगः-

भारतेन्दु युग से नाटकों की परम्परा समृद्ध हुई। एक ओर जहाँ संस्कृत-नाटकों की परम्परा का प्रभाव था तो दूसरी ओर बंगला के माध्यम से कुछ सीमा तक प्रत्यक्ष रूप से भी अंग्रेजी नाटकों का प्रभाव हिन्दी नाटकों पर पड़ रहा था। इस युग में दो तरह के नाटक लिखे गए एक प्रेम, भक्ति थी तो दूसरे में नई युग-चेतना। स्वयं भारतेन्दु ने नाट्य-शिल्पों का मिश्रित रूप अपनाते हुए 'चन्द्रवली नाटिका' और प्रेम जोगिनी प्राचीन पद्धति पर तथा भारत दुर्दशा, अंधेर नगरी आदि नवीन मिश्रित शैली पर लिखे। भारतेन्दु ने हिन्दी-नाटकों का खूब उत्थान किया। उन्होंने पहला काम यह किया कि संस्कृत, बंगला, अंग्रेजी आदि के सुन्दर नाटकों का स्वयं अनुवाद किया और करवाया।

- नाट्य-रचना के भारतीय और यूरोपिय सिद्धान्तों व सम्यक् अध्ययन कर हिन्दी नाटकों के लिए नए सिद्धान्तों की रचना की। जो 'नाटक' शीर्षक निबन्ध से स्पष्ट होती है।
- नाटकों द्वारा जन-जागरण किया।
- हिन्दी रंगमंच को जन्म दिया।
- भारतेन्दु उस युग की नाटक और रंगमंच संबंधी संपूर्ण गतिविधियों के प्रधान केन्द्र थे।

- नाटकों को नई शैली दी।

भारतेन्दु के सभी सहयोगियों ने प्रचूर मात्रा में नाटक लिखे।

बालकृष्ण भट्ट - दमयंती स्वयम्बर वृहन्नला, वेणु संहार, कलिराज की सभा, बाल-विवाह, रेल का टिकट, जैसा काम वैसा परिणाम।

इनमें पौराणिक कथाओं को अपने युग की समस्याओं का अंकन किया गया था। परन्तु इनके कथानक कमजोर थे पात्रों पर नाटककार का व्यक्तित्व हावी रहा। हास्य-व्यंग्य के माध्यम से समस्याओं पर प्रकाश डाला गया है।

प्रतापनारायण मिश्रः-

इस युग के प्रभावशाली नाटकार थे। गौ संकट, कलि प्रभाव, भारत दुर्दशा, जुआरी ख्वारी, हमीर हठ आदि नाटकों से राष्ट्रीय जागरण और समाज सुधार का स्वर उठाया।

राधाकृष्ण दासः-

ने महारानी पद्मावती, महाराणा प्राताप, दुखिनी बाला आदि में प्राचीन भारतीय के महापुरुषों के गौरवगान किया।

श्री निवासदास - रणधीर, प्रेममोहिनी, संयोगिता स्वयंबर, तप्तासंवरण, प्रहलाद चरित्र नामक नाटक लिखे। इनके अलावा प्रेमधन जी ने भारत सौभाग्य, प्रयाग रामागमन, वारांगना रहस्य (अपूर्ण) वृद्ध विलास।

राधाचरण गोस्वामी ने चंद्रावली, अमरसिंह राठौर, भंग तरंग, बाबू केशवदास ने 'सज्जाद सम्बल, शमसाद सौसन। गजाधर भट्ट ने मृच्छकटिक, अम्बिकादत्त व्यास ने 'भारत सौभाग्य', 'गौ संकट', 'लतिका'।

गोपालराम गहमरी ने 'जैसा का तैसा'।

किशोरी लाल गोस्वामी ने 'चौपट चपेट'

देवकीनंदन त्रिपाठी ने सीता हरण, रुक्मिणी हरण, कंस वध। शालिग्राम ने अभिमन्यु वध, पुरु विक्रम, मोरध्वज, लावण्यवती सुदर्शन, माधवानल कामकंदला आदि पौराणिक ऐतिहासिक प्रेम गाथात्मक नाटक तथा प्रहसन (one act play) लिखे।

पारसी थियेटरों के नाटकः-

सन् 1870 में षेस्टन जी फ्रामजी नामक एक पारसी सज्जन ने 'ओरिजनल थियेट्रिकल कंपनी' नामक नाटक कंपनी खोली। कालान्तर में ऐसी अनेक नाटक कंपनियाँ खुलीं। इनसे हिन्दी को एक नए ढंग का रंगमंच मिला। इस रंगमंच का निर्माण कुछ-कुछ अंग्रेजी रंगमंच के अनुकरण पर किया गया था। ये नाटक प्रेम हिन्दी क्षेत्र में अव्यवसायी नाटक मंडलियाँ की स्थापना की गई। जिनमें पढ़े-लिखे लोग सुन्दर नाटक प्रस्तुत करते थे। हिन्दी रंगमंच के विकास में इनका काफी योगदान था। भारतेंदु ने इस तरह की मंडलियों को खूब प्रोत्साहन दिया।

❖ ❖ ❖

नाटक

द्वितीय उत्थान :-

इस युग के मेरुदण्ड महवीर प्रसाद द्विवेदी ने 'नाटक शास्त्र' नामक ग्रंथ की रचना की। परन्तु नाटकों के क्षेत्र में ठोस कार्य नहीं हुआ। इस काल के नाटकों एवं उनके प्रणेताओं को चार भागों में विभाजित कर सकते हैं।

1 चटकीले दृश्य; कृत्रिम विचार मुद्राएँ, अश्लील प्रेम- (नारायण प्रसाद बेताब, राधेश्याम कथावाचक, कृष्णचन्द्र, तुलसीदास शैदा)

2 साहित्यिक कोटि में आने वाले -
चंद्रगुप्त, दुर्गावती (बदरीनाथ भट्ट)
चन्द्रकला भानुकुमार (राय देवी प्रसाद पूर्ण)

3 प्रहसनों एवं हास्य रस प्रधान नाटक - गड़बड़ झाला, नोंक-झोंक, बेचारा सम्पादक, बूढ़ा घर (जी.पी. श्रीवास्तव, बेचन शर्मा उग्र, ब्रजनन्दन सहाय, लोचन प्रसाद पाण्डेय) लोचन प्रसाद पाण्डेय)

4 **पद्य-रूपकारों में**

अनध	(मैथिलीशरण गुप्त)
कृष्ण	(सियारामशरण गुप्त)
करुणालय	(जयशंकर प्रसाद)

प्रसाद युगः-

जयशंकर प्रसाद नाट्य-क्षेत्र में नई साहित्यिक चेतना के अग्रदूत बन कर आए। उनके इस क्षेत्र में प्रदेश के साथ नाटकों की शिल्प-विधान में पूर्ण परिवर्तन होने आरम्भ हो गए। नाटकों में प्राचीन संस्कृत नाट्य शैली को निकालकर अंग्रेजी की पद्धति अपनाई। अंकों को पाश्चात्य शैली के अनुरूप दृश्यों में विभाजित किया गया। इस काल को 'हिन्दी-नाटकों का उत्थान काल' कहना उचित है।

प्रसादोत्तर युगः-

कुछ नाटककार प्रसाद की नवीन नाट्य शैली और सांस्कृतिक पुनरुथान की भावना से प्रभावित हो हिन्दी नाट्य-क्षेत्र में उतरे थे। इन लोगों ने प्रसाद की तरह ही ऐतिहासिक नाटक लिखे। सामाजिक समस्यामूलक यथार्थवादी पौराणिक आदि विभिन्न प्रकार के असंख्य नाटक लिखे। साथ ही एकांकी नाटकों की एक नई विधा चल पड़ी।

इस युग के नाटककारों में हरिकृष्ण प्रेमी, सेठ गोविन्ददास, उदयशंकर भट्ट, गोविन्द वल्लभ पंत, वृन्दालालवर्मा, चन्द्रगुप्त विद्यालंकार लक्ष्मीनारयण मिश्र उल्लेखनीय हैं। इन नाटककारों ने पौराणिक और ऐतिहासिक नाटक लिखे। प्राचीन इतिहास मुख्यतः मुस्लिम युग को ही अपना आधार बनाया। हिन्दू-मुस्लिम एकता, राष्ट्रीय, साम्प्रदायिक राजनीति आदि विषयों पर नाटक लिखे।

सेठ गोविन्ददास ने ऐतिहासिक, पौराणिक और सामाजिक तीनों प्रकार के नाटक लिखे जिनकी संख्या सौ से ऊपर है।

वृंदावनलाल वर्माः- ऐतिहासिक उपन्यासकारों के रूप में ख्याति प्राप्त है। झांसी की रानी, बीरबल, ललित विक्रम।

अन्य नाटककारों में

चन्द्रगुप्त विद्यालंकार - अशोक, रेवा

प्रेमचन्द - कर्बला

सियारामशरण गुप्त - पुण्य पर्व

लक्ष्मी नारायण मिश्र - गरुड़ध्वज, वत्सराज, वितस्ता की लहरें।

सुर्दशन - सिकन्दर

सत्येन्द्र - मुक्ति यज्ञ

चतुरसेन शास्त्री - छत्रसाल

जगन्नाथ प्रसाद मिलिन्द - गौ़तम नंद

जगदीश माथुर - कोणार्क आदि नाटक तथा नाटककार हुए।

प्रतीक-प्रधान नाटकः-

नीति-नाट्यो की तरह एक अन्य प्रकार के नाटक लिखे गए जिनके विभिन्न पात्र विभिन्न भावनाओं विचारधाराओं में

वस्तुओं के प्रतीकों के रूप में प्रस्तुत किए गए। इनके प्रवर्त्तक जयशंकर प्रसाद थे। सन् 1927 में उनका 'कामना' नाटक हिन्दी का पहला प्रतीकवादी नाटक माना जाता है। आगे चलकर इसी परम्परा में पंत का 'ज्योत्स्ना', सेठ गोविन्ददास का नवरस, भगवती प्रसाद वाजपेयी का 'छलना', कुमार हृदय का 'नक्शे का रंग' लक्ष्मीनारायण लाल का 'मादा कैक्टस', तीन आँखों वाली मछली, सूखा सरोवर, रक्त कमल, रातरानी, दर्पन, सुन्दर रस नाम प्रतीकवादी नाटक लिखे गए।

इस युग के अन्य उल्लेखनीय नाटकों में विनोद रस्तोगी के 'आजादी के बाद' नया हाथ।

नरेश मेहता के सुबह के घण्टे, खंडित यात्राएं, मन्नू भंडारी का 'बिना दीवारों का घर, शिवप्रसाद सिंह के 'घाटियाँ गूँजती हैं, ज्ञानदेव अग्निहोत्री के 'नेफा की एक शाम' उल्लेखनीय है।

✧ ✧ ✧